[illegible] oder nur das Abenteuer [illegible] Eine im Keller des jugendlichen Geflechts [illegible] Sache, die auch fünfzig Jahre später noch [illegible] Kraft, die den Unfall mit [illegible] das Spiel des [illegible] weckte, letzte Liebesversuche unter der Aufsicht [illegible] Gesichter, die den entzückten Abend [illegible] Gruppe [illegible] Kreis ihrer Träumen bewacht …

Jörg Rohlauf schlägt in seinen Erzählungen einen großen Bogen von den 70er Jahren, bis in die Gegenwart. Er lässt dabei seine Protagonisten die [illegible] Qualen des [illegible] Maßlosen erleiden, wirft einen desillusionierten Blick auf die Liebe in den Zeiten des Erwachsenseins und entdeckt die Melancholie des Alters, in dem das Leben und der Eros nur noch als ferne Erinnerungen aufscheinen. Gleichzeitig zeigt der Autor, (selbst-)ironisch und mit feinem Humor, [illegible] was Fußball und Popmusik mit all dem zu tun haben.

ISBN 978-3-910971-10-3

Umschlaggestaltung Juliane Richter

hummelshain.eu

Ein Ausgleich in der Schlussminute, der nicht nur das elterliche Esszimmer entscheidend verwandelt. Eine im Eifer des jugendlichen Gefechts entstandene Narbe, die auch fünfzig Jahre später nicht verblassen will. Uschi, die den Anstoß gibt für das Spiel des Lebens. Verzweifelte letzte Liebesversuche unter der Airline-Decke; die tote Geliebte, die den endgültigen Abschied Georgs von seinem kretischen Traumort bewacht....

Jörg Potthaus schlägt in seinen Erzählungen einen großen Bogen von den 70er Jahren bis in die Gegenwart. Er lässt dabei seine Protagonisten die bittersüßen Qualen des „Ersten Mals" erleiden, wirft einen desillusionierten Blick auf die Liebe in den Zeiten des Erwachsenseins und endet bei der Melancholie des Alters, in dem das Leben und der Eros nur noch als ferne Erinnerungen aufscheinen. Gleichzeitig zeigt der Autor, (selbst-)ironisch und mit feinem Humor, erneut, was Fußball und Popmusik mit alldem zu tun haben.

ISBN: 978-3-910971-10-3

Umschlaggestaltung Juliane Richter

hummelshain.eu

JÖRG POTTHAUS

Der Augenblick vor dem Kuss

Erzählungen

Hummelshain Verlag

Inhalt

„Rückkehr heißt im Griechischen nostos. Algos bedeutet Leiden. Nostalgie ist also das von dem unerfüllten Wunsch zurückzukehren verursachte Leiden.“

(Milan Kundera)

„Neunzig Prozent der Kurzgeschichten sind eine Scheibe Leben. Und das ist das Leben ja letztlich: Ein geschnittener Laib Kurzgeschichten.“

(Martin Amis)

„Meine Vergangenheit ist alles, was ich *nicht* bin.“

(Fernando Pessoa)

„Was ist Glück? Nachher weiß man es.“

(Arnold Stadler)

AUSGERECHNET SCHNELLINGER!

„Sind Sie immer noch blond?" Schnellinger: „Jetzt werden Sie mir langsam unsympathisch. Ich habe noch alle Haare, und sie sind immer noch blond. Nur wenn Sie weiter so blöde Fragen stellen, werden sie langsam grau."

(Interview zum 80. Geburtstag, 2019)

In memoriam Ernst Huberty (1927 – 2023)

Komisch, dass es – sowohl im Nachlass meiner Eltern, als auch in den eigenen Alben – nur ein einziges Foto aus dem Jahre 1970 gibt. Gut, ich selbst verfügte damals nur über eine ältere Agfa-Clack, die zudem fast nie zum Einsatz kam. Irgendwie waren meine Freunde und ich uns damals selbst genug, die exhibitionistische Darstellungswut folgender Generationen auf ihren Social-Media-Kanälen war uns völlig fremd. Es genügte in der Regel ein gelegentlicher Blick in den Flur-Spiegel, um gewisse Korrekturen an Frisur und Kleidung vorzunehmen. Und von dem merkwürdigen Zwang, viele Jahre später Fotos aus unserer vorgeblich besten Zeit hervorzukramen, um die Qual des Altwerdens, des immerwährenden Verlusts und den Schmerz der Erinnerung fast masochistisch zu erspüren, konnten wir zum Glück noch nichts wissen.

Mein Vater wiederum besaß eine durchaus hochwertige Kamera, eine, wenn ich recht erinnere, Voigtländer Vitessa aus den 50ern, machte im Grunde aber nur Dias. Viel später, als die Ära der samstäglichen Vorführungen im elterlichen Freundeskreis zu Ende gegangen war (das abgedunkelte Wohnzimmer, vor dem großen Bücherregal die ausgerollte Leinwand, der erst manuell, dann mit Fernbedienung gesteuerte Projektor auf seinem Gestell, leise Instrumental-Musik im Hintergrund, wechselweise von James Last oder dessen Bruder Kai Warner, Riesling aus fein ziselierten Gläsern, Käsehäppchen und Salzletten, im Lichtkegel des Projektors Rauchschwaden von den Pfeifen und Zigarren der Männer und den Zigaretten der Frauen, zu sehen meist fröhliche Urlaubs- oder Partyerinnerungen) und durch die Vier-Stunden-Samstagabendshows der Kulenkampffs und Frankenfelds abgelöst wurde, begann mein Vater nach und nach, die ihm als besonders gelungen erscheinenden eingeglasten Negative noch einmal einzuschicken und sie in Papierfotos umwandeln zu lassen. Aber offenbar war ihm kein Bild aus dem Jahre 1970 dieser Transformation wert gewesen.

Stattdessen habe ich in einem der alten Alben aus schwerem grünen Leder (mein Vater hatte deren Rücken in chronologischer Reihenfolge beschriftet) zwischen den doch recht zahlreichen Fotos aus den Jahren 1969 und ´71 per Zufall nur jenes einzige entdeckt, das in das Zwischenjahr passte und auf dem beide, Vater und Sohn, zu sehen sind. Es ließ sich mit einem kleinen scharfen Messer recht einfach von dem Karton, auf den es geklebt war, lösen. Und tatsächlich, auf die Rückseite war die Adresse des Westerländer Photohauses (man beachte das schöne „Ph“) Pförtner gestempelt, dazu der handschriftliche Vermerk „August 1970". Offenbar waren wir zwei bei einem Strandspaziergang von einem Profi-Fotografen aufgehalten worden und mein Vater, der so etwas eigentlich gar nicht mochte, hatte tatsächlich den Bon aufbewahrt und die Aufnahme am nächsten oder übernächsten Tag im Geschäft abgeholt. Seltsam – ein Urlaubsfoto als einzig sichtbarer Beleg für dieses so verrückte Jahr! Nichts anderes ist aufgehoben worden, kein Brief, kein Zeitungsausschnitt, keine Handwerker- oder Arztrechnung, auch nichts von meiner Mutter, die natürlich mit im Nordseeurlaub war, die Zeit ist über alles hinweggestrichen, die wenigen Überlebenden und die vielen Toten, eine Familie, die jetzt – sieht man von mir als letztem Mohikaner ab - schon nicht mehr existiert. Und Tagebuch zu schreiben habe ich erst vier Jahre später begonnen.

Und doch genügt dieses eine Bild, um alles, wirklich alles noch einmal zurückzuholen! Es ist im Spätsommer 1970 aufgenommen worden, und es müssen Schulferien gewesen sein – sechs Wochen, in denen meine Kindheit definitiv endete.

Ein schönes und doch seltsam entrücktes Bild: Vater, damals 52, in dunkler Badehose, das volle Haar akkurat gescheitelt, Oberkörper und Bauch kaum gezeichnet von der Fresswelle der vergangenen anderthalb Jahrzehnte, die Arme locker neben dem Körper, die Füße im nassen Schlick (gerade hat sich eine an den Strand gerollte Welle wieder zurückgezogen), die Augen allerdings halb zugekniffen, der ganze Gesichtsausdruck skeptisch, fast ablehnend: zum einen wird er mitten in die Sonne geschaut haben, zum anderen mag ihm der Fotograf, der uns wohl ungefragt in den Weg getreten war, etwas, wie man heute sagt, übergriffig erschienen sein. Daneben ich, nur mit einer weißen Turnhose bekleidet, schlank, fast schon ausgewachsen und einen halben Kopf größer als mein Vater, den Blick zu ihm hinüber gerichtet, als bemerkte ich den Abgesandten des „Photohauses Pförtner" überhaupt nicht, der wahrscheinlich ganz unvermittelt vor uns auftauchte. Die damals noch pechschwarzen Haare trage ich relativ lang, zumindest scheinen sie bis tief in den Nacken zu reichen und auch das eine sichtbare Ohr ist halb bedeckt. Offenbar spielt sich das Ganze kurz vor Vaters vorletztem Bestechungsversuch ab: gegen meine Zusicherung (ja, ich erwies mich als total korrumpierbar), noch auf der Insel zum Friseur zu gehen, begleitete er mich in das damals neue und fast revolutionäre Kaufhaus „Montanus Aktuell", einem älteren Flachbau mit einem markant herausragenden runden Turm an der Ecke Friedrich-/Andreas-Dirks-Straße (in dessen Räumlichkeiten sich heute das noble „Café Leysieffer" befindet). Vom linken Gesellschafter Hermann Montanus im Vorjahr in München gegründet, gab es schnell weitere Filialen (z.B. die in Westerland) und „Montanus" entwickelte sich rasant mit seinem Buch- und Schallplatten-Vertrieb zur kultigsten Handelskette der Republik. Auf den stets rot-weiß gestrichenen Verkaufsflächen herrschte umfassende Selbstbedienung, jegliche literarischen und musikalischen Genres von der gehobenen Pornographie bis zum atonalen Free Jazz wurden bedient – und geraucht werden durfte auch. Bei unserem Besuch hielt sich mein Vater auffällig lange bei den sogenannten „verbotenen“ Büchern auf, während ich voller Wonne die Plattenfächer durchwühlte. Ein finanzielles Limit hatte er mir nicht gesetzt, was sich als verhängnisvoller Fehler erwies: als wir uns an der Kasse trafen (er hatte nichts „Verbotenes“, sondern ein Paperback über den Russland-Feldzug ausgewählt), präsentierte ich ihm das heute legendäre Dreifachalbum *„Woodstock“,* das die wichtigsten Auftritte des Festivals vom vergangenen Jahr festhielt: Santana, The Who, Crosby, Stills, Nash & Young, Canned Heat, Ten Years After – natürlich auch Joe Cockers unglaubliche Version von *„With a little help from my friends“* und die von Jimi Hendrix zu einer beklemmenden Kakophonie zerlegte US-Nationalhymne *„The Star-Spangled Banner“.* Für das Portemonnaie meines Vaters äußerst nachteilig, herrschte doch in der damaligen Bundesrepublik eine Preisbindung für Schallplatten von Flensburg bis Passau: 20 DM pro Exemplar, also insgesamt 60, kein Mengenrabatt, nichts, daran konnte auch die kapitalismuskritische „Montanus“-Truppe nichts ändern. Ohne mit der Wimper zu zucken, zückte mein Vater die Geldbörse. Ich hatte mir den Verrat an meiner Frisur teuer bezahlen lassen. Ein paar Meter die Friedrichstraße herunter gab es einen Friseur: während der mir meine Haare auf Bundeswehr-Niveau stutzte, hielt ich „Woodstock“ ganz fest in den Händen.

Wenige Tage darauf bin ich dann ein zweites und letztes Mal umgefallen: Im Gegensatz zu meiner Mutter, die sich vehement auf meine Seite schlug, missfielen meinem Vater nun auch noch die zur knielangen Shorts abgeschnittene Jeans mit den, wie er fand, „grausligen“ Fransen an der

Schnittkante. Noch einmal war ihm die Entsorgung der Hose in der Mülltonne der Ferienwohnung einen Zwanziger wert. Diesmal ging ich zum Radiogeschäft „Boysen“ in der Bismarckstraße und erstand die LP „*Mona Bone Jakon*“ von Cat Stevens. An der reizte mich besonders die Auskopplung „*Lady d´Arbanville*“, ein Lied, das Stevens über seine unglückliche Liaison mit Patti d´Arbanville, die zuvor sehr freizügig in Andy Warhols „*Flesh*“ posiert hatte, schrieb – ich hatte vor dem Urlaub in einer Ausgabe von „*Konkret*“, die ich im Geheimfach meines Kleiderschrankes hütete, ein Nacktfoto des Models gesehen. Also zog ich für den Rest der Sylt-Tage wieder die harmlose weiße Turnhose an. Ob ich mich wegen meiner schnellen Aufgabe von Prinzipien geschämt habe? Ich weiß es nicht mehr, und wenn: „*Woodstock*“ und Cat Stevens waren es allemal wert.

Schon ein Jahr darauf waren Vaters Bestechungsversuche nur noch Stoff für witzige Anekdoten: auf den Fotos aus dieser Zeit trage ich die Haare lang, auch sprießt ein üppiger Backenbart, die Hose mit dem breiten Gürtel hat einen überdimensionalen Schlag, und am Handgelenk trage ich ein goldenes Kettchen. Nicht nur, dass mein Vater jeglichen Widerstand gegen die für einen mit seiner Biografie bedrohlich erscheinende Pop-Kultur abrupt aufgab, ab diesem Zeitpunkt ließ er sich auch auf (fast) alles, was ich an neuem Outfit präsentierte, zumindest wohlwollend ein. Auch bemühte er sich, mein ungestüm-romantisches Eintreten für die damaligen Freiheitsikonen aus der Dritten Welt nachzuvollziehen, den Kampf des Ché fand er sogar „bemerkenswert“, wenngleich auch ziemlich „naiv“. Dass ich zusätzlich aber mit der DKP liebäugelte, bereitete ihm dann doch Sorgen, obwohl ich ihm versicherte, ich hätte deren Kundgebung am 1. Mai 1971 nur deshalb besucht, weil dort Hannes Wader und Maria Farantouri auftraten, während die SPD auf ihrem parallel stattfindenden Maifest in der Essener Grugahalle auf Nummer sicher ging und es bei Einladungen für Katja Ebstein und Udo Jürgens beließ. Mein Vater atmete jedenfalls hörbar auf, als etwas später nach dem gescheiterten Misstrauensvotum gegen den sozialdemokratischen Bundeskanzler und dessen Ostpolitik Willy Brandt zu meinem Idol wurde. Er schaute „meine" Filme mit mir an, las „meine" Bücher – es mag kein Tag vergangen sein, indem wir uns am Abendbrottisch nicht die Köpfe heiß geredet haben. Wenn es überhaupt einmal Streit gab, dann nur um die Stichhaltigkeit der jeweiligen Argumente, ich erinnere kein lautes Wort, keine Verletzung. Das alles tat mein Vater, wie ich nicht erst seit heute weiß, weder aus hilflosem Opportunismus oder gar achselzuckender Resignation heraus, im Gegenteil, er versuchte mich mehr und mehr zu verstehen, auch, wenn es ihn manchmal schmerzte, er beschäftigte sich mit den Dingen meines Lebens, wurde ständiger Gesprächspartner und dann bester Freund bis zu dem Tag, als ich zusammen mit meiner Mutter an seinem Bett im Pflegeheim saß und wir seine Hand hielten. Ängstlich lauschten wir auf seine rasselnden Atemzüge, die immer wieder aussetzten und ließen uns mehrere Male von dem anwesenden Sterbehelfer, der aus Gründen des Selbstschutzes den Eindruck einer kühlen Professionalität ausstrahlte, versichern, dass mein Vater noch nicht den letzten getan hatte. Es war kein Tod wie in den alten Hollywoodfilmen, wo der sterbende Patriarch noch einmal die Hand auf die Köpfe seiner Liebsten legt und mit einem bedeutungsschwangeren Abschiedssatz sein Leben aushaucht. Der Tod meines Vaters war, zusammen mit den langen Monaten des Siechtums zuvor, hässlich, furchteinflößend, ohne Hoffnung und Trost für die beiden auf dem Bettrand. Auch habe ich kein Lächeln in den schnell erstarrenden, verzerrten Zügen gesehen, nicht einmal eine Spur von Erleichterung, gar Verachtung für das, was jetzt endlich von ihm abfallen konnte, die Würdelosigkeit des Vergehens und die Demütigung des Alters. Der Sterbehelfer schloss ihm die Augen und rief einen Arzt zur Ausstellung des Totenscheins. Meine Mutter weinte in sich hinein, ich selbst war ganz ohne Tränen, eher auf eine Art verwundert, wie sehr ich diesen Mann geliebt habe.

Erwähnte ich schon, dass ich auf dem besagten Foto aus dem Hause Pförtner einen schwarz-weiß gefleckten Fußball in den Händen halte? Der Grund ist mir heute unklar. Kann es sein, dass wir zwei vor unserem Strandspaziergang ein wenig gekickt haben? Eigentlich nicht: Mein Vater war schwer versehrt aus Krieg und langer Gefangenschaft zurückgekehrt, außerdem hatte er in Russland Flecktyphus bekommen, der ihm, die Krankheit ohnehin nur knapp überlebend, das vegetative Nervensystem irreparabel schädigte. Ich erinnere mich, dass er, wenn ich mich als Kind zwischen zwei in den Rasen hinterm Haus gesteckte Zweige als Torwart stellte und ihn aufforderte, mir so richtig einen „draufzuknallen“, schon nach drei, vier Schüssen so erschöpft war, dass er mich bat, mit dem Nachbarjungen weiterzuspielen.

Weshalb also der Ball in meinen Händen? Möglich, dass es mir genügte, ihn ein bisschen am Fuß zu halten, ab und zu auftippen zu lassen, oder, in den besten Momenten, für ein paar Sekunden zwischen Fuß, Knie und Oberschenkel zu jonglieren, wie es der große Beckenbauer allwöchentlich in der „Sportschau" tat. Und nicht nur da! Denn schließlich war kurz vor den Sommerferien gerade die Fußball-Weltmeisterschaft in Mexiko mit dem tragischen Ausgang für die deutsche Nationalmannschaft zu Ende gegangen, ein Höhepunkt des an Höhepunkten wahrlich nicht armen 1970!

Schon im Frühjahr war zu spüren, dass Veränderung in der Luft lag, im Großen wie im Kleinen. Am 19. März hatte Willy Brandt am Fenster des „Erfurter Hofs" gestanden und den DDR-Bürgern, deren Vorwärtsdrängen Richtung Hotel auch nicht der dichte Kordon aus Volkspolizisten und Stasi-Leuten aufhalten konnte, zugewunken, eine kleine Geste, in der schon alle Hoffnung für ein besseres Miteinander der in grotesker Zerrissenheit lebenden deutschen Staaten lag, das vage Versprechen von etwas Unglaublichem, das die Zukunft bringen würde, eine Zukunft, die sich dann noch 19 Jahre Zeit ließ mit der Erfüllung dieses Versprechens.

Am 13. April, zwei Tage vor meinem 16. Geburtstag, verfolgten wir in der „Tagesschau" angespannt die Havarie von „Apollo 13" auf ihrem Weg zur dritten Mondlandung. Nachdem ein Tank mit flüssigem Sauerstoff explodiert war, kam der berühmte trockene Funkspruch von Jack Swigert: „Houston, wir haben ein Problem." Eigentlich hatte er das Plusquamperfekt benutzt, aber in den nächsten Jahrzehnten setzte sich das leicht veränderte Tempus im zum geflügelten Wort werdenden Notruf durch. Auch die Rückkehr der Astronauten zur Erde mit Hilfe der Mondlandefähre „Aquarius“, die quasi zum interstellaren Rettungsboot wurde, hielt uns in Atem. Die noch junge bemannte Raumfahrt ließ sich gleichwohl von diesem Misserfolg nicht aufhalten.

Nicht nur die Mondfahrer im Weltall hatten ein Problem. Im Mai, da neigte sich die Obersekunda ihrem Ende entgegen, hatte unser Deutschlehrer, gleichzeitig auch Schulleiter, angeordnet, dass ich in meiner Funktion als stellvertretender Klassensprecher (der eigentlich gewählte war längerfristig erkrankt) den von ihm zwecks Behandlung im Unterricht bei der Buchhandlung Flothmann bestellten Klassensatz „Don Carlos“ von Schiller in der gewohnten Reclam-Ausgabe abzuholen, unter den Mitschülern zu verteilen und das entsprechende Geld – etwas um zwei D-Mark herum – einzusammeln hätte. Ich weiß nicht, was mich ritt, aber ich meinte wohl, es sei nun an der Zeit, endlich nach den unausgegorenen politischen Diskussionen im Kreis von Freunden und Mitschülern und angefeuert von den wüsten Leitartikeln in „Konkret“ (auf die ich neben der bereits erwähnten Betrachtung der Nacktfotos auch den einen oder anderen Blick warf), das innere Rebellentum nun auch deutlich nach außen zu tragen – wovon ich mir durchaus auch einen Sympathie- und Aufmerksamkeitseffekt bei den durchweg älteren Mädchen in der Klasse versprach, die mich ansonsten bestenfalls als Clown vom Dienst akzeptierten. Kurz: ich verweigerte die Ausführung des Auftrags und führte zu allem Übel auch noch zur Begründung an, dass der „alte“ Schiller und sein Sermon über den Liebeskummer irgendeines spanischen Kronprinzen im 16. Jahrhundert nun wirklich in keiner Weise „gesellschaftlich relevant“ und außerdem in diesen fürchterlichen Blankversen geschrieben sei: „Aber *so*, Herr Direktor, reden *wir* nun wirklich schon lange nicht mehr. Wir wollen zeitgenössische Autoren, die *unsere* Sprache sprechen und *unsere* Probleme in aller Schärfe benennen!“ Ich hatte mich erhoben, mich zu ganzer Länge gestreckt und schaute beifallserheischend vor allen auf den Mädchenblock. Aber offenbar hatte ich alle so verschreckt, dass Applaus erst einmal ausblieb. Ich musste also gefasst darauf sein, als einsamer Revolutionär alle Konsequenzen auf mich zu nehmen, zuvörderst ein rasantes Abrutschen meiner Note in Deutsch – einem Fach, das neben Geschichte, Philosophie und Englisch doch zu meinen Paradedisziplinen gehörte! Und wer weiß, welche Strippen der von mir desavouierte Schulleiter noch zu ziehen in der Lage war. Ging es gar um eine frühe Gefährdung meines Abiturs? Zumindest würden erst einmal meine Eltern vorgeladen werden, das war sicher! Die Miene von Herrn S. kündigte ohnehin nichts Gutes an. Ich bereitete mich auf meine Niederlage vor, setzte mich, in das Schweigen der Klasse hinein, wie in Zeitlupe wieder auf meinen Stuhl. Aber statt nun das erwartete Donnerwetter einsetzte, bat Herr S. überraschend zur Diskussion. Nun meldeten sich auch andere zu Wort, ein paar der Jungs traten mir zur Seite, eines der Mädchen, Leni, auch, während ihre Geschlechtsgenossinnen schwiegen oder sich vehement für die Schiller-Lektüre einsetzten. Am Ende wurde weder abgestimmt, noch kommentierte der Lehrer die Diskussion. Übergangslos wechselte er das

Thema und forderte die zur Unterrichtstunde angefertigte Hausaufgabe ein. Was und wie er über mich dachte, blieb mir auch nach dem Pausengong ein Rätsel. Ich wollte auf Herrn S. zugehen, mich noch einmal erklären, vielleicht wäre es auch auf eine Entschuldigung hinausgelaufen – aber beim Verlassen der Klasse nickte er mir nur wortlos zu. Anschließend umringten mich einige der Jungen, um mir zu meinem ach-so-mutigen Vorstoß zu gratulieren, auch Leni kam dazu, legte mir kurz die Hand auf die Schulter, was mir sofort einen Schauer über den Rücken jagte (im Grunde war ich ja, was eine Berührung von weiblicher Seite anging, bisher auf die Liebkosungen durch meine Mutter beschränkt gewesen– gut, im Vorjahr hatte es auf einer der ersten Feten einen Kuss-Versuch mit einem Mädchen aus der Parallelklasse gegeben, aber den wollte ich eigentlich nicht zählen). Die anderen Mädchen bildeten in einer Ecke des Klassenraums eine Traube, sahen zu uns herüber und schüttelten die Köpfe. Sie waren sich offenbar, was ihre Deutschnoten betraf, einer durch meine Aktion ausgelösten kollektiven Bestrafung sicher.

Das Gegenteil geschah. Eine Woche später – da lief ich mich schon mit Hilfe einer Sonderausgabe des „Kicker" für die in Kürze beginnende WM warm – betrat Herr S. das Klassenzimmer mit einer prall gefüllten Aktentasche. Er stellte sie bedeutungsvoll auf das Pult, öffnete betont langsam das Schloss der Tasche und griff mit beiden Händen hinein. Für den ersten Moment dachten wir, er würde einen Stapel Hefte hervorholen und spontan eine Klassenarbeit schreiben lassen. Aber dann sahen wir, dass es sich um einen

Klassensatz Bücher handelte, Paperbacks in einem orangefarbenen Umschlag. „Wie ihr seht, habe ich den Vorschlag unseres jungen Revoluzzers hier..." – dabei zeigte er auf mich – „...zum Anlass genommen, euch eine Alternative zu meinem Lektürevorschlag anzubieten. Zwar werdet ihr irgendwann kapieren, was euch mit dem ´Don Carlos` entgangen ist, aber hier habt ihr etwas, das der von eurem Klassenkameraden eingeforderten ´gesellschaftlichen Relevanz`..." – die letzten Worte hatten einen ironischen Unterton – „...in hohem Maße entsprechen dürfte. Nun, der Titel ist ein bisschen lang, aber seht selbst. Und dafür müsst ihr, meine Damen und Herren – ach Pardon, sowas zahlt ihr ja nicht selbst – müssen also eure Eltern ein wenig tiefer in die Tasche greifen als bei unserer bekannten Reclam-Ausgabe. Ich bin bei Flothmann in Vorlage gegangen und erwarte rasche Begleichung. Sieben Mark! Et voilà!" Und damit drückte er den beiden dem Pult am nächsten Sitzenden jeweils einige Exemplare in die Hand und ließ sie verteilen. Staunend betrachte ich das Suhrkamp-Cover mit dem Mammut-Titel: *„Die Verfolgung und Ermordung Jean Paul Marats dargestellt durch die Schauspieltruppe des Hospizes zu Charenton unter Anleitung des Herrn de Sade"*. Das Murmeln aus den anderen Bänken zeigte an, dass die Mitschüler genauso überrascht waren wie ich. Was das nur sein mochte? Und vom Autor Peter Weiss hatten wir auch noch nichts gehört. Irgendwie begann es im Raum zu knistern, eine Mischung aus Vorfreude und Spannung kam auf, Herr S. ließ uns ein paar Minuten zum Blättern und Miteinandertuscheln, das Stück, immerhin ja wohl während und nach der Französischen Revolution spielend, schien damit tatsächlich die von mir reklamierte „Relevanz“ zu haben, welche genau, würde sich zeigen. Die Pausenglocke ertönte. „Bis zur nächsten Woche habt ihr den Text gelesen“, sagte Herr S. und irgendwie spielte dabei ein triumphierendes Lächeln um seine Lippen. „Und bis dahin bekomme ich auch den gesamten Betrag. Unser Revoluzzer wird so nett sein, euch abzukassieren, oder?“ Ich nickte, und während mein Tischnachbar schon als erster sein Portemonnaie zückte und mir einen Zehner reichte, blieb Herr S. kurz vor mir stehen. „Recht so, junger Mann?“ Wieder nickte ich nur. Dabei hätte ich ihm die Hand geben und mich bedanken müssen.

Die WM begann am 31. Mai. Die deutsche Mannschaft tat sich in der Vorrunde ziemlich schwer, Hitze, Luftfeuchtigkeit, ungewohntes Essen (das verstärkt zu „Montezumas Rache“ führte) und teils absurde Anstoßzeiten beeinträchtigten die Leistungsfähigkeit der Spieler massiv. Einem mühevollen 2:1-Auftaktsieg gegen Marokko folgten ein deutliches 5:2 gegen Bulgarien mit dem überragenden Schalker „Stan“ Libuda, zum Schluss ein 3:1 gegen Peru. Das Viertelfinale war damit bereits erreicht (damals verzichtete man aus gutem Grund auf eine inflationäre Anzahl von Teilnehmern, wie das aus kommerziellen Gründen heute der Fall ist).

Zwischen den Spielen, den zahlreichen Fachsimpeleien und dem Nachstellen der wichtigsten Szenen auf dem heimischen Fußballplatz beschäftigte ich mich intensiv mit der Marat/Sade-Lektüre und bekam nach und nach und unter der kundigen Anleitung des Herrn S. ein Gespür für die zentrale Problematik des Stückes: auf der einen Seite der auch im gewaltsam erlittenen Tod noch idealistische Revolutionär Marat, auf der anderen Seite sein intellektueller Gegenspieler de Sade, müde und zynisch geworden unter dem Eindruck des Scheiterns aller revolutionären Bemühungen und klar erkennend, dass dieses Scheitern auf die ewiggleichen menschlichen Schwächen und Laster zurückgeht und keine Hoffnung auf Besseres mehr besteht – eine Dialektik, die mich mein ganzes weiteres geistiges Leben begleiten sollte.

Aber nicht nur eine literarische Offenbarung hielten diese Tage zwischen Weltmeisterschaft und begeisterter Lektüre für mich bereit. Am Vorabend des Himmelfahrstages hatte eine Mitschülerin, deren Eltern verreist waren, zu einer Überraschungsparty in ihrer Wohnung den harten Kern der Klasse geladen, zu dem ich mich neuerdings auch zählen durfte, warum auch immer (vielleicht, weil durch das Weiss-Stück ein ganz neuer Blick auf die Welt in die Gruppe gekommen war, und daran war ich ja schließlich nicht ganz unschuldig). Natürlich war auch Leni da, und nachdem die Jungen reichlich dem Flaschenbier und die Mädchen ebenso irgendeinem fruchtig-klebrigen Likör zugesprochen hatten, das Ganze untermalt von einer Georges-Moustaki-Platte in Endlosschleife (die jungen Damen zerschmolzen praktisch, wenn sie ihn *„Le Metèque"* oder *„Il est trop tard"* singen hörten), kam es wie selbstverständlich zur Pärchenbildung, passend dazu hatte Jana, die Gastgeberin, das elektrische durch Kerzenlicht ersetzt. Ohne, dass ich etwas dazu tat, landete ich in den Armen von Leni und an ihrer weichen Brust.

Zwei Stunden später war ich von der drei Jahre Älteren (sie hatte wohl schulisch die ein oder andere Ehrenrunde eingelegt) in die technischen und emotionalen Feinheiten des Zungenkusses eingeweiht, gleichzeitig aber auch dezent darauf hingewiesen worden, was zusätzlich „noch möglich“ sei und was nicht. Während ich aus den Augenwinkeln sah, dass beim ein oder anderen Pärchen durchaus eine ganze Menge „möglich“ war, erlaubte Leni mir nur, mit zwei Fingern den V-Ausschnitt ihres Pullis zu erforschen. Auch dass sich einer dieser neugierigen Gesellen unter den Stoff ihres BHs vorwagte, ließ sie noch zu, weiterem Vordringen schob sie energisch einen Riegel vor. In einer Mischung aus Stolz, Frustration und dem Gefühl absoluten Nichterlöstseins stolperte ich weit nach Mitternacht nach Hause. Eine nur halbe Initiation, wenn überhaupt – und doch saß ich am nächsten Morgen auf meinem Fahrrad, durchquerte die Mintarder Aue laut singend und jubilierend auf dem Weg zu meinem Reitclub. Felder und Wälder in sattem Grün, eine Sonne, die solidarisch war und sich mitfreute – es war Himmelfahrt, und mir schien es, als würde mir das, was dem Herrn Jesus widerfahren war, doppelt und dreifach zuteil. Und die Brüste von Leni waren die ersten, die mir Asyl und Schutz gewährt hatten, wenn auch nur für eine Nacht.

Inzwischen hatte die deutsche Mannschaft in der Mittagshitze von Léon das Viertelfinale gegen den alten Rivalen England gewonnen. Wegen des Zeitunterschieds von sieben Stunden saß ich mit meinen Eltern abends im Esszimmer, wo der voluminöse Grundig-Fernseher stand und wir immer noch staunten, dass er seit Kurzem auch farbige

Bilder sendete. Um die 70. Spielminute herum hatten wir schon alle Hoffnung auf ein Weiterkommen der Deutschen aufgegeben (die Engländer führten durch Mullery und Peters bereits mit 2:0), als dem „Kaiser" Beckenbauer der Anschlusstreffer gelang. Wir nahmen das eher als wenig tröstende Ergebniskosmetik hin. Beim Ausgleich von „Uns Uwe" Seeler, den er mit dem Hinterkopf kurz vor Schluss der regulären Spielzeit erzielte, wackelten hingegen die Wände des Esszimmers, die akkurat nebeneinander auf einem Eichenregal aufgestellten Zinnkrüge mit Jagdmotiven hüpften wild umher und auch der flämische Kronleuchter über dem Tisch war kurz davor, sich aus der Deckenverankerung zu lösen – denn während meine Eltern, wenngleich unter lauten Jubelrufen, auf ihren Sitzen blieben, war ich wie von der Tarantel gestochen vom Plüschsofa aufgesprungen und drehte einige unkoordinierte Runden um den Esstisch herum. Immerhin blieb alles heil – auch da noch, als ich meinen Lauf beim 3:2 durch den „Bomber" Gerd Müller in der 108. Minute der Verlängerung noch ekstatischer wiederholte. Nach dem Schlusspfiff verschwand Mutter in der Küche, um nach diesem Drama zur nötig gewordenen Stärkung ein paar „Bütterkes" zu schmieren, während mein Vater mir generös und zur angemessenen Feier des Sieges erlaubte, die zweite Flasche „Warsteiner" zu öffnen – immerhin durfte ich seit meinem Geburtstag im April nun auch offiziell Alkohol trinken (um mich vom Abweg des Zigarettenrauchens abzubringen, hatte er mir eine seiner Pfeifen und ein Päckchen „Mac Baren´s"-Tabak überlassen, das erschien ihm wesentlich weniger gesundheitsgefährdend). Wenn er geahnt hätte, was dem armen Esszimmer in nur wenigen Tagen anlässlich des Halbfinales gegen die Italiener bevorstand, hätte er schon am nächsten Morgen die Hausratsversicherung erhöhen lassen.

Der Deutschunterricht entwickelte sich immer mehr zu einer Fortsetzung des Weltanschauungsduells im Weiss-Stück zwischen dem Schulleiter und mir. Während Herr S. deutliche Sympathien für den allem Glauben an gewaltsam erzwungene politische Veränderung abschwörenden de Sade erkennen ließ, favorisierte ich eindeutig die immer noch optimistische Haltung des, von üblen Hautausschlägen gequält in seiner Wanne sitzenden und dem Attentatstod geweihten Revolutionärs Marat, den ich zudem enthusiastisch mit dem drei Jahre zuvor ermordeten kubanischen Nationalhelden Ché Guevara verglich, dessen ikonographisches Poster natürlich in meinem Mansardenzimmer hing, eingerahmt von „Stan" Libuda und der von mir wie eine Göttin angebeteten Francoise Hardy. Herr S. hatte offensichtlich Spaß an unserem Duell und freute sich umso mehr, als sich auch immer mehr andere Schüler in die Diskussion einmischten. Die meistens Jungen schlugen sich dabei auf meine Seite, während die Mädchen – zumeist aus großbürgerlichem Hause – betonten, wie unsinnig es doch sei, ihrethalben notwendige Veränderungen durch Gewalt zu erzwingen (möglich auch, dass sie instinktiv glaubten, ihre Bestärkung der Meinung von Herrn S. würde sich förderlich auf ihre Noten auswirken). Nur Leni unterstützte mich in ihren Wortbeiträgen demonstrativ – und weil der neue Klassenlehrer, einer aus der jungen liberalen Garde, die damals an die Schulen drängte, die bisherige Sitzordnung nach Geschlechtern für „absolut bescheuert" hielt und eine Vermischung dringend empfahl, hatte es sich ergeben, dass Leni plötzlich neben mir saß. Auf diese Weise bekam ich also nicht nur verbale Unterstützung aus nächster Nähe, es ergab sich, selbstredend aus purem Zufall, auch immer öfter, dass sie mit ihrem linken Bein, das von ihrem superkurzen Mini-Rock nur ansatzweise bedeckt war, mein rechtes streifte, manchmal drückte sie es sogar dagegen. Wenn ich dann zur Seite schaute, tat sie, als sei nichts geschehen, verfolgte intensiv das Unterrichtsgeschehen oder schrieb etwas auf ihren Block (wobei sie sich mehr als notwendig tief über das Papier beugte und ihre Brüste, deren Berührung sie mir ja kurz zuvor teils erlaubt, teils verweigert hatte, fest gegen die Tischkante presste). Was ich denn von Marats Vision, dass nach seinem Tod die Revolution weitergehe, halten würde oder wie ich zu der Person des angeblich verrückten Priesters Jacques Roux stehe, fragte mich Herr S. in solchen Momenten und registrierte vergnügt, dass ich vor lauter Verwirrung über Lenis zwar prinzipiell greif-, letztlich aber doch unerreichbare „Argumente" nicht antworten konnte.

Der Morgen des 17. Juni 1970 begann für mich mit einer äußerst lästigen Aufgabe. Zwar war der „Tag der deutschen Einheit", der an den Arbeiteraufstand in der DDR an jenem Tag im Jahre 1953 erinnern sollte, zugleich aber auch als Mahnung, sich niemals mit der deutschen Teilung abzufinden galt, schulfrei, aber jedes Jahr kam den Klassensprechern aufs Neue eine besondere Aufgabe zu. Mussten sie bis weit in die 60er Jahre noch in den Wochen vor dem Feiertag in ihren Klassen möglichst viele Anstecknadeln mit dem Brandenburger Tor verkaufen, zudem Kerzen unterschiedlicher Größe und Konsistenz (die dann an den Abenden zum Gedenken an die offenbar brutal unterdrückten Menschen im anderen Teil Deutschlands in die Fenster gestellt und entzündet werden konnten), reduzierte sich unter der neuen sozial-liberalen Regierung ihr Engagement auf die bloße Anwesenheitspflicht bei der von der jeweiligen Gemeinde veranstalteten Gedenkfeier. In unserem, damals noch selbstständigen und noch nicht vom Moloch der nahegelegenen Großstadt geschluckten Städtchen fand diese traditionell am Ruhrufer unterhalb der Brücke statt. Dort stand ein Findling inmitten eines für diesen Tag extra hergerichteten Blumenbeets, in den warmherzige Worte für die armen Brüder und Schwestern „drüben" eingemeißelt waren („Denkt an Berlin – Denkt an Mitteldeutschland"), zudem zeigte ein Schild in Richtung der geteilten ehemaligen Reichshauptstadt und wies darauf hin, dass es von diesem Punkt aus bis Berlin genau 549 Kilometer seien. Meist sprachen der Bürgermeister, dazu ein Vertreter des „Bundes der Vertriebenen", manchmal örtliche Parteifunktionäre, auch der kirchliche Segen fehlte nicht. Möglich, dass sich 1970 in das Pathos der vergangenen fast zwei Jahrzehnte erste moderate Töne einschlichen (schließlich bemühten sich Willy Brandt und Walter Scheel gerade um eine gänzlich andere, die Entspannung vorantreibende Politik gegenüber den kommunistischen Staaten) – aber das interessierte mich, obwohl dem neuen Bundeskanzler sehr zugeneigt, damals nur am Rande. Denn da der etatmäßige Klassensprecher immer noch kränkelte, musste ich in die Bresche springen. Während meine Mitschüler sich nach durchfeierter Partynacht noch einmal wohlig in ihren Betten umdrehten, stand ich, zusammen mit meinen Leidensgenossen aus den anderen Jahrgangsstufen – im etwas zu klein gewordenen Konfirmationsanzug, das Brandenburger Tor am Revers, inmitten der städtischen Honoratioren, die sich im Halbrund um den Findling herum aufgebaut hatten. Natürlich war auch Herr S. anwesend (der, wie ich wusste, als gebürtiger Sachse und Sozialdemokrat angesichts dieses ziemlich verlogenen Feiertages hin- und hergerissen war) und begrüßte mich ironisch: „Salut, Jean Paul! Heute keine Revolution?" – „Viel wichtiger, Herr Direktor, Deutschland-Italien, Halbfinale, heute Abend, leider erst 23 Uhr", versuchte ich halbwegs schlagfertig zu antworten. Ich wusste, dass der Schulleiter nicht das geringste Interesse an Fußball hatte.

Nachdem alle Reden geschwungen waren und die dritte Strophe der Nationalhymne von den meisten Anwesenden schief und atonal gesungen, beziehungsweise nur gebrummt wurde (die Blasmusik kam vom Tonband), löste sich die Gruppe rasch auf. Die meisten schienen erleichtert, ihrer staatsbürgerlichen Pflicht nachgekommen zu sein, mit auffällig großen Schritten entfernten sie sich vom Findling, der sich nun 364 Tage gedulden musste, bis man ihm wieder ein bisschen Aufmerksamkeit schenken würde. Auf die meisten wartete ein Familienausflug, manche der Honoratioren freuten sich aber auch auf den hochverdienten, leicht in den Mittag verschobenen Frühschoppen bei „Laupenmühlen". Auch ich wollte schnell nach Hause, den schrecklichen Anzug loswerden und meine Mutter überreden, ob sie das Mittagessen etwas nach hinten schieben könne – schließlich warteten die Freunde im „Rex" auf mich zum alternativen Stelldichein. Meine Mutter hatte Verständnis. „Aber trink nicht so viel, das Spiel ist doch erst so spät, und morgen um acht ist Schule." Etwas Ähnliches hatte auch Herr S. zu mir gesagt, als ich mich nach der Feier von ihm verabschiedete: „Denk daran, morgen in der ersten Stunde ist Deutsch. Vielleicht schaust du dir ja nochmal die Szene nach Charlotte Cordays Mord an Marat an." Ich gab ihm die Hand und grinste frech. Hätte ich diesen dezenten Hinweis nur ernst genommen!

Im „Rex" ging es bereits feuchtfröhlich zu, als ich, nun wieder in der gewohnten Jeans-T-Shirt-Uniform, dort auflief. Von den Versammelten wurde ich spöttisch auf meine vaterländischen Verdienste am Findling angesprochen, schließlich gaben aber die, die in meiner Klasse waren und zu würdigen wussten, dass ich mich für ihren Schlaf geopfert hatte, mir ein paar Bier aus. Ich schaute mich um, ob ich irgendwo Leni entdecken würde, leider vergebens. Als hätte Verena, die Verlobte von Rolf-Dieter, dem Wirt, den alle „Otto" nannten, meinen waidwunden Blick gesehen, legte sie ganz schnell die *„Bridge over troubled water"*-LP von Simon & Garfunkel auf – gut gemeint, aber als ob ausgerechnet diese überwiegend melancholischen Songs mich hätten trösten können! „Sie kommt schon noch" – Verena lächelte mir verschwörerisch zu und stellte mir ein neues „Frankenheim"-Alt hin. Dann nahm sie den Tonabnehmer aus der Plattenrille und setzte ihn zwei Stücke weiter wieder auf. Sie wusste, dass vor allem die männlichen Gäste bei der zweiten Strophe von *„Cecilia"* lauthals mitsingen würden:

„Making love in the afternoon / with Cecilia up in my bedroom" – die, die solch ein Erlebnis schon einmal gehabt hatten oder wenigstens so taten, setzten dabei eine Kennermiene auf und schauten mitleidig auf solche Kollegen wie mich herab. Ähnlich wie beim Deutschlandlied zuvor bewegte ich auch jetzt nur die Lippen zum Song des amerikanischen Duos, diesmal aber nicht aus nationalem Desinteresse, sondern aus Ehrfurcht vor dem, was die da so unbeschwert behaupteten: Liebe am Nachmittag statt mit Cecilia mit Leni oben in meiner Mansarde – was für eine unerreichbare Vorstellung und gleichzeitig wildeste Fantasien auslösend! Den zweiten Teil der Strophe – der Protagonist war nur eben ins Bad gegangen und als er zurückkam, hatte jemand anderes seinen Platz im Bett neben Cecilia eingenommen – ignorierte ich geflissentlich. Aber Leni erschien auch nicht, als wir den Refrain von *„The Boxer"* rhythmisch mitklatschten und uns in dem nicht enden wollenden Fade-out des Stücks verloren: *„Leileilei..."*. Danach summten wir, vom Bier in eine Stimmung zwischen Euphorie und frühnachmittäglicher Ermüdung versetzt, noch leise zur Hirtenflöte von *„El Condor Pasa"* (einer musste natürlich noch die Verballhornung des Titels durch den Komiker Otto, der mit dem Wirt nur den Vornamen gemein hatte, einfließen lassen: *El Kondom basta,* aber das fand jetzt kaum noch Lacher). Spätestens beim Schlussstück der zweiten Plattenseite *„Song for the asking"* wusste ich, dass Leni nicht mehr kommen würde: *„Ask me and I will play / all the love that I hold inside..."* Ach, nein, heute nicht.

Verena versuchte, die irgendwie gedämpfte Stimmung zum einen mit einer Lokalrunde, zum anderen mit einer neuen

Platte wieder anzukurbeln: „*House of the rising sun*“ kannten wir seit Jahren von Eric Burdon und seinen Animals, jetzt gab es eine verdammt harte, fast psychedelische Version von der amerikanischen Gruppe Frijid Pink – das haute tatsächlich rein und vertrieb die trüben Gedanken. Wir wechselten in den Halbfinal-Modus, obwohl es bis zum Spiel noch lange sieben Stunden waren. Der hinzugekommene Otto schlug eine Wette vor: exorbitante zwei DM pro Mann! Ich setzte ohne Zögern auf die deutsche Elf.

Ohne ein Nachmittagsschläfchen nach dem üppigen Essen, das meine Mutter unter dem Stirnrunzeln ihres Mannes mehrfach für mich aufgewärmt hatte, ging es dann doch nicht. Hinterher fiel mir der kryptische Satz von Herrn S. – eine Warnung, eine Drohung gar? – noch einmal ein. Ich nahm ihn immer noch nicht ernst, mehr als ein abfälliges Urteil über die seiner Meinung minderbemittelten Fußballfans konnte nicht dahinterstecken. Für ein paar Minuten schlug ich die Suhrkamp-Ausgabe des Marat-Stücks auf und registrierte zufrieden, dass ich die von Herrn S. erwähnte Stelle bereits mit Markierungen und Notizen versehen hatte. Klarer Fall, der auch sterbend noch an die Utopie der klassenlosen Gesellschaft glaubende Jakobiner, dagegen die von Rousseau beeinflusste Idealistin Corday: „*Beide wollten wir die Freiheit erreichen*“, sagt sie nach dem Mord, „*doch für dich ging´s zur Freiheit über einen Berg von Leichen...*“. Kein Zweifel, diese beiden Positionen konnte ich aus dem Effeff gegenüberstellen, Herr S. würde sich wundern. Jetzt aber ging es zum Wichtigsten überhaupt, kein Gedenktag, kein Frühschoppen, keine Rockmusik konnten dagegen anstinken – und für einige Stunden auch meine Sehnsucht nach Leni nicht: Zeit, sich auf das große Match vorzubereiten. Dass man es später als „Jahrhundertspiel“ bezeichnen würde, konnte ich am frühen Abend des 17. Juni 1970 nun wirklich nicht ahnen. Und was mir am nächsten Morgen bevorstand: auch nicht.

Alles war bereitet. Mein Vater hatte wie immer („besser für den Rücken“) den harten Stuhl am Esstisch gewählt, meine Mutter und ich saßen einträchtig nebeneinander auf der Couch, vor uns der erstmalig zum Einsatz kommende neue Teewagen, auf dem Flaschen und Gläser standen: Mutter hatte sich, von Vater, der den Weinkeller verwaltete, genötigt, zur Feier des Tages einen „ganz besonderen Riesling“ geöffnet, ich blieb beim „Warsteiner“. Dazu gab es Schälchen mit Nüssen und kleinen Salzbrezeln. Dieser Teewagen war ganz im Stil des übrigen Zimmers: Eiche, ein paar barocke Schwünge und Verzierungen, die Speichenräder denen einer kleinen Postkutsche ähnelnd und, das war der Clou, seine Abstellfläche aus blau-weißen Delfter Kacheln, ein Echtheitszertifikat lag bei. Die Motive waren denn auch typisch holländisch: die unvermeidlichen Windmühlen, Fischer mit ihren Netzen, Plattbodenschiffe beim Segeln auf dem Ijsselmeer, züchtige Hausfrauen mit weiten Kleidern und Kochmützen gleichen Hauben am Spinnrad. Meine Mutter hatte sich bereits etwas despektierlich über die ihres Erachtens viel zu teure Neuerwerbung geäußert – „kitschig und unpraktisch, ein ´Dinett` hätt´s auch getan“ – aber mein Vater fand das Teil sehr elegant und vergaß auch nicht, auf den nicht unbedeutenden Rabatt zu verweisen, den ihm das ortansässige Möbelhaus Egemann gewährt habe.

Azteken-Stadion Mexico-City, Punkt 23.00 Uhr MEZ. Während mein Erinnerungsvermögen heute deutlich schrumpft, fällt es mir doch weiterhin leicht (die entscheidenden Dinge des Lebens bleiben eben doch haften), die Aufstellung der Deutschen auf Abruf und ohne wikipediale Rückversicherung zu referieren: Sepp Maier (der von mir ungeliebte Bayern-Torwart) – Berti Vogts (der Gladbacher Terrier) – Willi Schulz (der Hamburger mit Schalker Wurzeln) – Karl-Heinz Schnellinger (auf den ich noch kommen werde, und wie!) – Bernd Patzke (der Berliner, zurecht in der 63. Minute gegen Siggi Held vom BvB ausgetauscht) – dann die fünf, zu denen man nun auch damals schon nichts mehr sagen musste: Uwe Seeler, Franz Beckenbauer, Wolfgang Overath, Jürgen Grabowski, Gerd Müller – und na ja, auf dem Flügel versuchte sich, meist vergeblich, der Kölner Hennes Löhr, bis ihn ab der 53. Minute mein Liebling „Stan“ Libuda ablöste. Von den Italienern habe ich nur noch ein paar der bekanntesten gespeichert: Burgnich, Facchetti, Mazzola, Rivera und Riva.

Anpfiff. In der Bundesrepublik saßen, außer uns dreien im flämisch-niederländischen Esszimmer, geschätzte 40 Millionen Menschen vor den Fernsehern. Wie man später hörte, ließen in Franken zwei Männer, deren Wagen kollidiert waren, ihre Unfallautos am Straßenrand stehen und rannten gemeinsam in die nächstbeste Kneipe, um das Spiel nicht zu verpassen. In Rom ließ ein Taxifahrer eine Schwangere im Wagen zurück, um sich in einer Espresso-Bar die 90 Minuten plus Verlängerung nicht entgehen zu lassen. Bei seiner Rückkehr hatte er einen Fahrgast mehr.

Ernst Huberty kommentierte. Seit Jahren war der Mann, der damals schon sein unverkennbares Markenzeichen, den silbergrauen Klappscheitel, trug, der Vertraute unserer frühen Samstagabende. Unaufgeregt und im Stile eines Grandseigneurs führte er in der „Sportschau" durch den Bundesliga-Spieltag. Wir konnten uns nicht vorstellen, ihn jemals auch nur im Ansatz erregt gehört zu haben, egal, was auch auf dem Spielfeld Dramatisches passierte. Seinem etwas temperamentvolleren Pendant Oskar Klose oblag an diesem Tag, zusammen mit Kurt Brumme, die Übertragung im Radio, eine willkommene Alternative für die, die auch im Wirtschaftswunderland immer noch kein Fernsehgerät besaßen, oder die, die sich gerade in Lokomotiv-Führerhäusern, Backstuben und Notaufnahmen befanden. Gerade hatte ich mit den Eltern auf ein „gutes Spiel" angestoßen, da war es schon passiert: Boninsegna hatte die Führung für die Azzuri erzielt. Jener Boninsegna, der ein Jahr später seine oskarreife Darbietung in Mönchengladbach ablieferte, als er nach einem angeblichen Wurf mit einer zudem leeren Cola-Dose wie ein vom Blitz Gefällter umfiel und durch diese hinterhältige Simulation dafür sorgte, dass der fulminante 7:1-Sieg der Gladbacher über seinen Verein Inter Mailand annulliert und zum späteren Ausscheiden von Netzer & Co. aus dem Europapokal führte. Aber dieses Bürschchen zeigte schon an jenem 17. Juni in Zusammenarbeit mit seinen Kollegen alle jene „Tugenden", die italienische Teams damals auszeichneten: Schauspielern, Verzögern, Mauern, verstecktes Foulen, gnadenloses Zeitspiel. In dem Schiedsrichter, der das Spiel leitete, hatten sie einen genialen Komplizen: Arturo Yamasaki, ein Japaner mit mexikanischem Pass, übersah geflissentlich alle üblen Tretereien der Italiener und verweigerte den Deutschen auch konsequent drei Elfmeter, einen an Seeler, zwei an Beckenbauer. Nach einem dieser ungeahndeten Fouls an ihm trug der „Kaiser" eine schmerzhafte Schulterprellung davon, spielte aber, den Arm in der Schlinge und mit zusammengebissenen Zähnen weiter, das machte man damals so. Heute ist man schon ein „Held", wenn man nach überstandenem Wadenkrampf aufs Spielfeld zurückkehrt (der berühmte Philosoph Oliver Kahn hat Recht: „Keine Eier").

In der Halbzeit herrschte im Esszimmer betretenes Schweigen. Meine Eltern gaben keinen Pfifferling mehr für die Deutschen. „Was willste gegen 12 Mann machen?", fragte mein Vater. Nach Wiederanpfiff war Ernst Huberty der Einzige, der ruhig blieb und den distanziert-kühlen Ton seines Kommentars nicht aufgab. In den Kneipen und Wohnungen der Republik (wohl auch in dem anderen deutschen Teil, dessen ich am Morgen noch hatte gedenken sollen) schwirrten hingegen bei jedem weiteren italienischen Foul, jeder weiteren katastrophalen Fehlentscheidung des japanischen Mexikaners, Verwünschungen, Verbalinjurien und Schlimmeres durch die Räume. Ob nicht sogar die Mafia ihre Hände im Spiel hatte? Und selbst Kurt Brumme verfiel in der Radioübertragung angesichts der zahlreichen simulierten Verletzungen Boninsegnas & Co. in ätzenden Sarkasmus: „Mein Gott, ist das ein Fußballspiel hier! Das ist ja entsetzlich, das ist widerlich! Burgnich ist soeben verstorben, sehe ich. Ach nein, da kommt er ja wieder." In unseren heutigen woken Zeiten würde er vermutlich wegen der unzulässigen Beleidigung eines von Schmerzen geplagten Ausländers nach dem Spiel seinen Job losgewesen sein. Nur Ernst Huberty blieb cool, bestenfalls bemerkte man ab und zu ein ganz leichtes Vibrieren in seiner Stimme, aber immer noch meilenweit von Empörung oder Aggression entfernt.

Arturo Yamasaki schaute auf seine Uhr, „die neue Rolex bekommt er gleich in der Kabine", kommentierte mein Vater. Ich stieß seufzend mit Mutter an, wir stellten die Gläser zurück auf die blau-weißen Kacheln. „Zeit fürs Bett," sagte sie. Ich war so paralysiert von der Ungerechtigkeit des Fußballgotts, dass ich noch nicht einmal protestierte. Einen letzten deutschen Angriff ließ dieser dubiose Pfeifenmann noch zu. Grabowski flankt von links vor das Tor, Schnellinger wirft sich mit langem Bein in die Flugbahn – der Ball ist drin! Ich hätte wohl „wie am Spieß geschrien", hörte ich hinterher – aber während meines Urschreis war ich schon aufgesprungen, nur, dass im Gegensatz zum England-Spiel jetzt der neue, vollbeladene Teewagen vor der Couch stand: nicht nur, dass Mutters Riesling, gefolgt von zwei Aschenbechern und meiner „Warsteiner"-Flasche im hohen Bogen Richtung Fernseher flogen, es erwies sich auch als fatal, dass die blau-weißen Delfter Kacheln noch nicht einmal anständig verklebt, sondern nur in den hölzernen Rahmen eingelegt waren. Keine einzige von ihnen blieb heil, Fischer, Spinnerinnen, Plattboote: alles in Einzelteilen, verstreut auf dem Teppich, unter Esstisch und Couch, eine halbe Kachel war sogar auf Vaters Schoß gelandet. Ich ließ mich erschöpft vom Jubel zurückfallen und hatte das Gefühl, eben sei noch etwas anderes in mir explodiert, das nichts mit Fußball zu tun hatte. Ich wusste nicht genau was, aber heute glaube ich, dass es einen Zusammenhang gab mit dem plötzlichen Herausbrechen des noch kindlichen Jugendlichen in die Welt der Erwachsenen, der Selbstbestimmung, der auf mich wartenden Freiheit. Und: mit Leni, mit den Mädchen überhaupt und mit der Verheißung aus dem am Nachmittag im „Rex" gehörten Song „*Cecilia*". Vielleicht war ja die Liebe nur noch einen Flügelschlag entfernt, vielleicht.

Keiner der beiden Eltern schimpfte, jedenfalls an diesem Abend nicht, der jetzt, weil es Verlängerung gab, in die tiefe Nacht überging. Wahrscheinlich hatte ich sie durch meinen Ausbruch aufs Gröbste erschreckt, anders erschreckt, als mit dem beim England-Spiel, dieser war irgendwie grundsätzlicher, kam aus dem Keller meiner Seele und konnte nicht mehr zurückgenommen werden. Während die Spieler in der kurzen Pause bis zum Beginn der Verlängerung noch tranken, die schweißnassen Trikots wechselten und Beckenbauer ungeachtet der zunehmenden Schmerzen den Arm aus der Schlinge nahm, weil sie ihn behinderte, hatte ich Handfeger, Besen und Schwammtücher aus der Küche geholt, beseitigte die Schäden so gut es ging und staunte weiterhin über das Schweigen der Eltern. Das Wrack des Teewagens schob ich in den Flur. Es gab keinen Widerstand, als ich Vater – („Teilen wir uns noch eine"?) – das Bierglas halbvoll schüttete, während ich den Rest aus der Flasche trinken wollte. Mutter hüstelte und steckte sich eine „HB" an. Die Verlängerung begann in einer fast unwirklichen Atmosphäre nächtlichen Schweigens, ich hielt allen weiteren, leider nur kurzfristigen Jubel zurück, obwohl die Dramatik noch einmal ins kaum Aushaltbare stieg: Müller 1:2 (94.). Burgnich 2:2 (98.), Riva 3:2 (104.), Müller 3:3 (110.). Zweimal hatte ich noch ganz leise „Tor“ gerufen, war aber sitzengeblieben, um nicht noch weitere innenarchitektonische Verwüstungen zu riskieren. Den entscheidenden Dolchstoß versetzte dann Rivera der deutschen Mannschaft in der 111. Minute, 4:3, das war´s, kein Finale, kein Weltmeistertitel, nichts (okay, am Samstag drauf der 3. Platz gegen Uruguay, aber wen interessierte das noch?). Mein Vater schaltete den Fernseher aus, nicht lange, da würden sich schon erste Sonnenstrahlen zeigen und die Deutschstunde bei Herrn S. stünde an. Er gab mir erst förmlich die Hand, wünschte mir eine „gute Rest-Nacht“ und sagte en passant, dass mir der Schaden vom Taschengeld abgezogen würde. Dann legte er mir doch beide Arme um die Schultern: „Nimm´s nicht so schwer, ist nur Fußball.“ Und meine Mutter konnte schon wieder lachen und gab mir einen Kuss. „Frühstück gibt´s gleich,“ lachte sie und verabschiedete mich in meine Mansarde, *„up in my bedroom“*.

Vor Beginn der ersten Schulstunde drehten sich alle Gespräche um das Spiel, das ja, so erregt waren wir noch, erst wenige Augenblicke zurückzuliegen schien, selbst einige Mädchen mischten sich ein, vergaßen aber nicht darauf hinzuweisen, wie „süß“ doch Gianni Rivera und Giancarlo de Sisti aussähen. Nur Leni packte verträumt einige wenige Dinge aus ihrer Schultasche auf den Platz neben mir. Als wenn sie etwas geahnt hätte, holte sie nur die Marat-Ausgabe und einen Stift heraus. Dann erschien Herr S., wir stoppten unsere Gespräche und setzten uns, die Zeit des ehrerbietigen Aufstehens gehörte seit Kurzem der Vergangenheit an. Herr S. ging zum Klassenschrank und öffnete ihn. Blitzartig wusste ich, was kam: er holte den Stapel mit unseren Arbeitsheften heraus und bat Jana, sie zu verteilen. Wir sahen uns entsetzt an. Der Schulleiter schrieb das Thema an die Tafel. „Vergleicht die weltanschaulichen Positionen von Marat und Corday anhand der Szene ´Der Mord`!“ Ich war müde, traurig, unkonzentriert, wütend von den Erlebnissen der Nacht, einfach leer. Enttäuscht auch von Herrn S., ich glaubte, das Ganze sei eine Racheaktion für meine Ablehnung des „Don Carlos“ und gleichzeitig eine Lektion der Überlegenheit des Geistes über die schnöden Niederungen des Fußballs. Rache konnte *ich* allerdings auch, wenngleich aus einer völlig machtlosen und reinen Trotzhaltung heraus. Und obwohl Leni alles versuchte (sie rückte Zentimeter für Zentimeter an mich heran, ihr Bein berührte wieder meines, ich roch den Duft ihres Parfüms, sah, wie sich ihre Brüste erneut gegen die Tischkante drückten), ließ ich die große und wahrscheinlich einmalige Chance aus, ihr zu helfen, sie abschreiben zu lassen oder unauffällig ein paar Textstellen in ihrer Ausgabe zu markieren. Stattdessen meinte ich hart bleiben zu müssen, hart gegen mich und hart gegen den Lehrer, der mich, wie ich fand, so schnöde verraten hatte. Ich gab ein leeres Heft ab, Leni hatte sich, nachdem sie sah, dass von meiner Seite aus nichts zu erwarten war, selber ein, zwei Seiten aus den Fingern gesogen. Ohne Kommentar und mit unbewegtem Gesichtsausdruck nahm S. die Hefte entgegen. Und natürlich bewertete er meine Arbeit mit „Ungenügend“ (niemals in meiner ganzen Schullaufbahn war eine Deutscharbeit schlechter als

„befriedigend" gewesen). Auf diese Weise verlor ich meine „Eins" im Abschlusszeugnis – und Leni, die eine „Fünf" kassierte, verlor ich auch, und zwar für immer. Bei der nächsten Party tröstete ich mich, nach dem 17. Juni ausgerechnet durch zwei Niederlagen (die der deutschen Mannschaft und der eigenen in der Klassenarbeit) stärker und selbstbewusster geworden, mit Lenis Freundin Jana, die mir bei der Fortsetzung meiner Reise zu den Geheimnissen der Frauen half.

Zwei Jahrzehnte später traf ich Herrn S. anlässlich unserer Feier zum 20. Abiturjubiläum wieder. In der Gaststätte, in der wir uns versammelt hatten, wollte ich mich endlich bei ihm entschuldigen für meine Fehleinschätzung, dass sein damaliges Einknicken bei der Deutschlektüre Schwäche und seine unangekündigte Klassenarbeit eine billige Revanche für seine Bloßstellung durch mich gewesen seien. Außerdem war es mir, der inzwischen ein Germanistik-Studium absolviert hatte, wichtig, ihm zu sagen, wie richtig er damals mit seiner ursprünglichen Entscheidung für „Don Carlos" gelegen habe. Längst hätte ich verstanden, dass die im „Marat/Sade" auftretenden Grundfragen der mensch-lichen Freiheit bei Schiller viel tiefgehender und fast philosophisch behandelt würden. Zum Schluss wollte ich dann zur Erheiterung erwähnen, auf welche Weise der Kabarettist Hanns Dieter Hüsch den berühmten Imperativ des Marquis Posa verballhornt hatte: „Sire, geben Sie *Getränke*freiheit!" Aber zu spät: Herr S. war schon am Arm seiner Frau, die ihn zugleich stützte und führte, zu unserem Treffen gekommen. Aber nicht nur, dass er in seinem hohen Alter sehr gebrechlich war, er war scheinbar auch im Begriff, seinen Verstand zu verlieren. Schon bei der Begrüßung erkannte er mich nicht, nickte und lachte an den unpassendsten Stellen, zum Beispiel da, als wir der bereits ersten Verstorbenen aus unserer Klasse gedachten. Ich verzichtete, ihn auf „Marat“ anzusprechen. Seitdem trage ich so etwas wie eine nicht mehr zu tilgende Schuld mit mir herum, und die Zeit macht es nicht besser.

Leni saß mir noch einmal gegenüber, inzwischen Mutter von vier Kindern. Als sie meinen Blick auf den tiefen V-Ausschnitt ihres Pullovers sah, rückte sie ihr Oberteil demonstrativ und aufreizend langsam zurecht. „Zur Erinnerung“, sagte sie.

Die Reparatur oder gar Neuanschaffung des Teewagens mit den Delfter Kacheln brauchte ich übrigens doch nicht zu bezahlen. Mein Vater gab seiner Frau Recht: „Eigentlich wirklich unpraktisch“, revidierte er seine Meinung und kaufte den gewünschten „Dinett“, zusammenklappbar, leicht, einfach abzuwischen. Bei den folgenden Spielen tat er gute Dienste. Und auch mein Taschengeld erhöhte mein Vater bald: „Du hast ja jetzt eine Reihe neuer Ausgaben.“ Dabei zwinkerte er mir mit dem heilgebliebenen Auge zu (das andere hatte er in seiner Kindheit durch einen abgeschossenen Pfeil beim Cowboy-und-Indianer-Spielen verloren). Wenig später gingen wir zwei am Westerländer Strand entlang. Die Aufnahme des „Photohauses Pförtner“ steht immer noch auf meinem Regal.

Ein paar Tage nach dem „Jahrhundertspiel" (wie wohl als erster Sepp Maier es nannte), schaute ich mir bei einem Freund die Wiederholung der Partie an (eine Geste der ARD an die wenigen, die die Erstausstrahlung verpasst hatten), besonders konzentrierte ich mich dabei natürlich auf die 90. Minute. Und eigentlich hätte ich, der durch seinen explosiven Torjubel im elterlichen Esszimmer vom Fernsehkommentar so gut wie nichts mitbekommen hatte, nicht überrascht sein dürfen, wie unaufgeregt Ernst Huberty selbst bei diesem überirdischen Tor geblieben war. Trotzdem war es kein Zufall, dass seine wenigen Worte seitdem unauslöschlich in die Annalen der Fernsehgeschichte eingebrannt sind. „Schnellinger," sagte er, als der Dürener, der lange für den 1. FC Köln gespielt hatte und nun beim AC Mailand kickte, sein Bein ausstreckte und den Ausgleich erzielte – und dabei hob er seine Stimme nur um Nuancen - „Au, au, au, unglaublich! Ausgerechnet Schnellinger, werden die Italiener sagen. Ausgerechnet Schnellinger!" Und das war´s auch schon. Kein hysterisches Geschrei, wie es zum Beispiel der heutige Sky-Reporter Fuss schon bei der Verhängung eines Eckballs anstimmt, kein unerträgliches Krakeelen der ZDF-Journalistin Claudia Neumann, wenn die „eigene" Mannschaft auch nur die Mittellinie überquert (von fußballerischer Kompetenz ganz zu schweigen) – „Ausgerechnet Schnellinger!", mehr nicht. Und das reichte (abseits des von mir aufgeführten Veitstanzes) doch auch – und würde heute noch reichen. Und dass Huberty zweimal „Ausgerechnet" sagte, hatte letztlich nur den Grund, dass Schnellinger noch nie in einem Länderspiel getroffen hatte und das auch übrigens nie mehr tun würde, gleichzeitig bezog sich die Partikel darauf, dass der Dürener, den sie in Italien „Carlo il Biondo“, den „blonden Karl“, nannten, auch noch „ausgerechnet“ bei einem Verein des Gegners spielte. Später wurde sogar kolportiert, dass der auf der Tribüne des Aztekenstadions anwesende Präsident des AC Milan in der ersten Wut erwog, Schnellinger fristlos zu entlassen. Der wiederum verwies darauf, dass das Tor „ein Geschenk vom lieben Gott gewesen sei“, das reichte, um die Italiener zu besänftigen. Dass sie dann das Endspiel 1:4 gegen Pelé und seine Brasilianer verloren, schien mir mehr als gerecht.

Schön, sich angesichts der heutigen TV-Schreikultur eines Mannes wie Ernst Huberty zu erinnern. Dabei hatte mein eigener Ausbruch ja seine wohlbedachten Worte überlagert. Aber zu meiner damaligen Entschuldigung ist anzuführen, dass ich gerade mein eigenes, ganz persönliches Tor zu schießen hatte, ein Tor, das mir die Welt mit ihren Geheimnissen und Abenteuern öffnete, eine Welt voller Sehnsüchte und Begehren. Der ruhige, freundliche Mann mit dem Klappscheitel hatte mir dabei geholfen – und natürlich der blonde Carlo aus Düren: Ausgerechnet Schnellinger!

PERMANENT SCAR

„If not for you / Babe, I couldn´t even find the door / I couldn´t even see the floor / I´ll be sad and blue / If not for you…“

(Bob Dylan)

I.-D. R. gewidmet

Folgt man Max Frisch, so erfindet sich jeder Mensch früher oder später eine Geschichte, die er für sein Leben hält.

Für Thomas Weber (den alle, außer sein Vater, von früher Kindheit an „Tommy“ riefen) traf das zumindest für eine Reihe von Ereignissen in seinen nun immerhin fast sieben Lebensjahrzehnten zu. Ob ihm das aber - gerade dann, wenn er im großen Zuhörerkreis Anekdoten aus seiner Jugend preisgab – selbst so richtig klar war, sei dahingestellt. Manchmal, wenn er das Pech hatte, dass jemand, der das gleiche Erlebnis geteilt und sich zusätzlich dabei in unmittelbarer Nähe von Tommy aufgehalten hatte, den betreffenden Sachverhalt wesentlich anders darstellte, wies er auf „doch bitte verzeihliche“ Lücken in seinem Erinnerungsvermögen hin. Peinlich waren solche Situationen gleichwohl für ihn. So achtete er zunehmend akribisch darauf, dass seine Geschichten zum einen von ihm stets gleichlautend und ohne Variationen vorgetragen wurden, zum anderen, dass es möglichst niemanden in seiner unmittelbaren Umgebung gab, der sie hätte widerlegen können. Und tatsächlich: je mehr er sich zeitlich vom einstmals Geschehenen entfernte, so sicherer wurde er, dass es sich so und nicht anders zugetragen haben musste.

Lange ging das auch gut mit jenen Anekdoten, die er über Jahrzehnte immer mal wieder von seinem Aufenthalt im Sommer 1971 auf der vor der Südküste Englands liegenden Isle of Wight zum Besten gab. Tommy hielt sich dort mit seinem Freund Sven Karl auf („Karl" war tatsächlich dessen Nachname und führte immer wieder zu kuriosen Situationen, und nicht nur bei Behördenbesuchen). Die beiden sollten auf der Insel während der gesamten Sommerferien einen Intensiv-Sprachkurs in Englisch besuchen (das jedenfalls war die Vorstellung der um ein erfolgreiches Abi im nächsten Jahr besorgten Eltern Tommys, die von Sven waren da wesentlich entspannter: der hatte nämlich schon im Vorjahr den gleichen Kurs besucht und nach seiner Rückkehr statt von erstaunlichen Sprachfortschritten eher von Mädchen, Musik und der einen oder anderen stimulierenden Substanz erzählt, was wiederum aber nicht an die Ohren von Tommys Eltern drang). Vor allem Svens Mutter argumentierte gegenüber der von Tommy offenbar so überzeugend, dass diese, wenngleich schweren Herzens und dann mit den unvermeidlichen Abschiedstränen am Essener Hauptbahnhof stehend, der ersten größeren Reise ihres einzigen Kindes zustimmte. Tommys Vater, der im Alter seines Sohnes sein Elternhaus unfreiwillig verlassen und Soldat werden musste, hatte nur etwas von „Selbstständig werden" gemurmelt und den Vertrag mit dem Reiseveranstalter wortlos unterschrieben. Und ohne, dass seine Frau etwas davon mitbekam, steckte er ihm auf dem Bahnsteig noch ein Päckchen Kondome zu. „Immer gut aufpassen, Thomas", raunte er, als er ihn fest in den Arm nahm. Kurz darauf nahm der mit über 150 Jugendlichen gefüllte Zug die lang gezogene Schleife aus dem Bahnhof heraus. Tommy und Sven schoben nach einem letzten Winken die Abteilfenster hoch und fläzten sich auf die Sitze. Zwei ihnen unbekannte Jungs hievten ebenfalls die Koffer auf die Gepäckablage und gesellten sich zu ihnen. Der eine holte vier Flaschen Bier aus seinem Rucksack und öffnete sie mit seinem Feuerzeug. Tommy stieß mit den anderen an, aber das große Freiheitsgefühl, das diese anscheinend mit jedem Kilometer, den der Zug Richtung Calais vorankam, überfiel, mochte sich bei ihm nicht so recht einstellen. Eigentlich überwogen bei Tommy schon jetzt so etwas wie Heimweh und die Beklemmung vor dem Unbekannten. Sven hatte einen voluminösen batteriebetriebenen Kassettenrecorder mit eingebauten Lautsprechern dabei, deren Leistung die Musikfetzen aus den Nachbarabteilen mühelos übertönte. War es ein Zufall, dass das erste Stück „*Wild World*" von Cat Stevens war? Sicher nicht, dachte Tommy. Es lag viel Abschied in dem Song, doch die spärliche Instrumentierung sowie die melancholische Stimme von Stevens ließen gleichzeitig erahnen, dass jedem Abschied offenbar auch etwas Neues folgte und die ungestüme Neugier darauf kaum zu bezähmen war: *„Ooh, Baby, Baby it´s a wild world...* ", vielleicht wäre es ja gerade das Wilde und Unberechenbare dieser für ihn noch völlig fremden

Welt, die Tommys Ängste einfach vergessen machten. Und hätte er damals schon Jimmy Cliffs beschwingte Reggae-Version des Songs gekannt, um wie vieles leichter wäre ihm der Glaube daran gefallen. Immerhin ließ Tommy sich von dem überbordenden Optimismus der Abteilgenossen anstecken, die nach jedem Schluck aus der Bierpulle aus vollem Herzen rülpsten und den Refrain mitgrölten: *„Oh Baby, Baby, it´s a wild world / It´s hard to get by just upon a smile...*“. Ach, mit dem Lächeln, das würde schon noch werden. England konnte kommen!

Und schon die gesamte Anreise hatte es in sich. Die bei der ausführenden Organisation mit dem harmlosen Namen „Fahr mit“ gebuchten Gäste, Schüler und Schülerinnen zwischen 17 und 20, machten, lange bevor der Zug aus dem Ruhrgebiet Calais erreichte, der von Tommy und Sven rasch hinzugefügten Ergänzung „Fahr mit – schlaf bei!“ bereits alle Ehre. Staunend (Sven schon weniger, weil er etwas älter als Tommy war und bereits seine ersten „Erfahrungen“ gemacht hatte) schauten die beiden darauf, was sich in den Nebenabteilen, ohne dass Türen zugeschoben oder Fenster verhängt wurden, abspielte. Während Sven nur süffisant lächelte und Tommy die im Koffer mitgeschmuggelte Flasche „Johnny Walker“ hinhielt (selbstverständlich „Black Label“, Sven verfügte über ein Vielfaches des Taschengeldetats seines Freundes), stieg Tommys Sehnsucht nach wenigstens *einem* Kuss von *einem* dieser Mädchen ins Unermessliche, die aber waren bereits mit der Hardcore-Variante beschäftigt. Für ihn selbst hatte es bisher nur zu ein paar scheuen Kuss-Andeutungen in den elterlichen Partykellern der Mitschüler gereicht. Er tastete nach dem kleinen Päckchen, das sein Vater ihm mitgegeben hatte. Sein Inhalt würde, befürchtete er, während die Euphorie von eben abrupt in Melancholie umschlug, in den Ferien bestimmt *niemals* zum Einsatz kommen!

Auf der Überfahrt von Calais nach Dover hatte Sven diesbezüglich bereits reüssiert und sich mit einer weiblichen Zugbekanntschaft (unter Mitnahme der noch halbvollen Whiskyflasche) unter die Persenning eines Rettungsbootes verzogen, sodass Tommy seine erste Pfundnote aus dem Brustbeutel hatte ziehen und in der Schiffsrestauration eine überteuerte Flasche Bier erstehen müssen. Er schaffte es, einen der letzten Fensterplätze in der Kabine zu ergattern. Die Schwärze der Nacht schluckte das spärlich beleuchte Deck fast völlig, das Einzige, das er erkennen konnte, war der weiße Streifen der Reling, der wegen der schweren See mächtig hin- und herschwankte. Trotz des zunehmenden Grummelns in seinen Eingeweiden nippte Tommy ab und zu todesmutig an der Bierflasche, war aber vor allem damit beschäftigt, seinen Mageninhalt, bestehend aus den Käsebrötchen und gekochten Eiern seiner Mutter und der noch ungewohnten Alkoholmenge, bei sich zu behalten, während das Fährschiff mühsam Kurs hielt. Immerhin konnte er es vermeiden, sich zu den plötzlich zahlreich an Deck eilenden Mitfahrern zu begeben, denen der scharfe Wind das, was sie gerade von sich gegeben hatten, auf die Jacken und Parkas zurückwehte. Der Ekel davor, das gleiche zu erleben, war stärker als die Kontraktionen in Tommys Speiseröhre. Irgendwann nickte er sogar ein und träumte von der „wilden

Welt“, die auf der anderen Kanalseite auf ihn wartete. Als endlich die *„White Cliffs of Dover“*, von denen die Righteous Brothers gesungen hatten, im Morgengrauen auftauchten, war Tommy längst wieder wach. Verdammte Schnulze von diesen Falsett-Brüdern (die in Wirklichkeit gar keine waren), dachte er, trotzdem sang er sie vor sich hin, ganz leise nur, damit niemand von denen, die, vom Dauer-Kotzen erschöpft, links und rechts von ihm im Halbschlaf dösten, wach wurde. Was die Textsicherheit bei Pop-Songs anging, machte ihm sowieso niemand etwas vor und den Zweck der England-Reise, nämlich seine Sprachkenntnisse zu erweitern, hatte schon seit Jahren der Sender BFBS erfüllt, der den in Deutschland stationierten englischen Soldaten 24 Stunden lang die gerade angesagte heimische Musik vordudelte und den Tommy, nur von den Stunden in der Schule und dem nächtlichen Schlaf unterbrochen, in seinem Transistorradio auf Dauerbeschallung gestellt hatte. Das, was er dort von den Moderatoren, die man damals noch nicht DJs nannte, und den von ihnen gespielten Top-Twenty-Songs lernte, konnte die in wenigen Tagen beginnende Sprachschule auf der Isle of Wight unmöglich leisten, da war er sich völlig sicher. *„There´ll be bluebirds over / The white Cliffs of Dover...* “, sang Tommy, während er sich nach draußen begab und sah, wie die weißen Kreidefelsen immer näher rückten, *„Tomorrow, just you wait and see / There´ll be love and laughter / And peace ever after / tomorrow, when the world is free...“* Damals wusste er noch nicht, dass das Lied ursprünglich bereits 1942 von Vera Lynn, dem britischen Gegenstück zu Lale Andersen mit ihrer „Lili Marleen“, für die Truppenbetreuung der Alliierten eingesungen wurde. Aber dass ihn nach dieser Nacht voller Wellengang, Übelkeit, Verzagtheit und Neid auf das, was Sven mit dem Mädchen (ausgerechnet einer Essener Pfarrerstochter, wie sich herausstellte) unter der Plane des Rettungsbootes getrieben hatte, nun jenseits der weißen Klippen Liebe, Gelächter und Frieden erwarten würden, nein, *mussten*, das nahm er dem Lied der Righteous Brothers dann doch irgendwie ab, auch damals sagte man schon der Hoffnung nach, dass sie sich beim Sterben zuverlässig als letzte anstellte. Tommy atmete tief durch, die frische Seeluft tat ihm gut. Den schlechten Atem vertrieb er mit einem Klecks Zahnpasta aus seinem Rucksack, den er mit dem Zeigefinger im Mund verrieb. Auf der anderen Seite des Decks tauchten Sven und die Pfarrerstochter auf. Tommys Neid auf die beiden trieb der Wind erstmal vom ihm fort. Der Hafen von Dover kam in Sicht. Sechs Wochen, ab jetzt!

Irgendwann nahm die Müdigkeit dann doch überhand. Von der Busfahrt nach London wusste er nachher nichts mehr, die Victoria-Station, von der sie den Zug nach Portsmouth nahmen: ein schnell verwischter Eindruck. Erst das Hovercraft, ein für damalige Zeiten revolutionäres Luftkissenschiff, das sie in Nullkommanichts zur Inselhauptstadt Ryde brachte, weckte die Lebensgeister wieder. Bevor ihre Gastfamilie sie am Landesteg in Empfang nahm, tranken sie noch den letzten Schluck aus der Whiskyflasche. Rena, die Pfarrerstochter, war an Land geblieben. „Fahr mit – schlaf bei“ hatte einen anderen Ort für sie vorgesehen. Wir sehen uns zu Hause, hatte Sven ihr noch ins Ohr geflüstert, obwohl jetzt lange Wochen „Unterricht“ vor ihnen lagen.

Aber tatsächlich hielt er Wort, die beiden waren hinterher in Deutschland noch für ein paar Monate zusammen.

Tommy hatte, was die zusammengereimten Geschichten betraf, 50 Jahre lang behauptet, dass Svens und sein Aufenthalt auf der Insel zusammengefallen sei mit dem legendären Isle-of-Wight-Festival, auf dem – zum zweiten Mal seit Woodstock – alles zusammenkam, was in der Rock- und Popmusik Rang und Namen hatte: Procol Harum, John B. Sebastian, Joni Mitchell, Ten Years After, Emerson, Lake & Palmer, Melanie, Donovan, The Moody Blues, Richy Havens, Joan Baez, Leonard Cohen – jedes Mal kam er bei dieser Aufzählung erst ins Schwärmen, dann ins Schwitzen, weil er niemanden auslassen wollte (was ihm allerdings nie gelang) – mein Gott, Freunde, könnt ihr euch das vorstellen, sagte er immer, sowas hat es nie wieder gegeben, und dann, er machte an dieser Stelle immer eine bedeutungsschwangere Pause, und dann: The Who! The Doors! Jimi Hendrix! Irre!

Man muss Tommy zugutehalten, dass er niemals vorgab, direkt auf dem Festivalgelände gewesen zu sein. Er beschränkte sich darauf, sich als Zaungast inmitten der „Desolation Row“, die durch einen doppelten Sichtschutz vom eigentlichen Geschehen auf der Bühne und davor getrennt war, zu bezeichnen. Außerdem war Sven während seiner Reiseschilderungen nie dabei, ob zufällig oder gewollt, konnte er schon bald nicht mehr sagen. Und irgendwann, es sei noch einmal an Max Frisch erinnert, hatte er sich so mit seiner Darstellung dieses Sommers identifiziert, dass sie mehr und mehr zur Wahrheit, „seiner" Wahrheit wurde und Realität und Fiktion in einer Weise verschmolzen, dass Tommy sie genauso glaubte, wie es seine Zuhörer auch tun sollten. Sven hätte, wäre er nur einmal in der Nähe gewesen, das Ganze leicht auflösen können: denn *er* war ja derjenige gewesen, der während seines Aufenthalts im Jahr zuvor tatsächlich ein wenig schnuppern konnte an der unglaublichen Atmosphäre dieses legendären Festivals. Das nämlich hatte schlicht und einfach *1970* stattgefunden, 1971 gab es keine Wiederholung – und erst zu Beginn des neuen Jahrtausends wurde diese Tradition wiederbelebt. Nebenbei hätte auch jeder halbwegs Rockbegeisterte unter Tommys Zuhörern die Ungenauigkeit seiner Darstellung offenlegen können: Jimi Hendrix war bereits im September ´70 gestorben, seinem Isle-of-Wight-Auftritt folgten nur noch wenige in Europa, der letzte fand kurz vor seinem Tod auf Fehmarn statt, ein Gedenkstein dort kündet heute noch davon. Aber niemand von Tommys ergebenen Zuhörern hakte je nach. So entstand eine eigene kleine Legende, die tatsächlich erst 50 Jahre später nach einem intensiven und schmerzhaften Gespräch mit Sven und den anschließenden Wikipedia-Belegen endete. Tommy entschuldigte sich, war er doch mit jedem vergehenden Jahr der immer festeren Überzeugung gewesen, dass er wirklich in der „Desolation Row" gestanden und Hendrix´ *„The Burning oft he Midnight Lamp* " herüberwehen gehört hätte. Wirkliches Leben und Fiktion: ein seltsames Pärchen, dessen schwer voneinander zu trennende Beziehung ihn spät, sehr spät, dazu gebracht hatte, mit dem Schreiben zu beginnen, zurückzukehren zu dem, was einmal war oder zumindest hätte sein können und die dabei auftretenden Schmerzen bewusst einzukalkulieren.

Aber solche Gedanken waren dem 17jährigen Tommy noch fremd, als er im Sommer 1971 – dem Sommer, der zwar kein Rock-Festival zu bieten hatte, aber eine noch viel größere Offenbarung bereithielt – an einer Straßenecke der Inselhauptstadt Ryde stand und nicht wusste, was mit dem angebrochenen Abend noch anzufangen wäre.

Warum er nicht zu den anderen aus dem Sprachkurs in den Bus gestiegen war, konnte er hinterher nicht mehr sagen, obwohl es seine beste Entscheidung der gesamten sechs Wochen gewesen war. Es sollte wohl zu einer Strandparty nach Sandown gehen, aber irgendwie hatte Tommy keine Lust, zumal Sven im Haus der Gastfamilie geblieben war, vorgeblich, um sich auf die nächste Englischlektion vorzubereiten. Stattdessen, das war Tommy sofort klar, wollte er die Abwesenheit der verwitweten Gastmutter nutzen, um den Urlaubsflirt des Vorjahres mit der Schwedin Maja, die mit einer Freundin im Nebenzimmer wohnte, wiederaufleben zu lassen. Dann eben nicht, hatte Tommy missmutig gebrummt und sich zum vereinbarten Treffpunkt begeben. Aber als er den bereits vollen Bus sah, aus dessen offenen Fenstern lautes Gelächter und das Klirren von Flaschen drang, die der begleitende Lehrer vergeblich zu übertönen suchte, verließ ihn jegliche Motivation mitzufahren. Was sollte er allein unter diesen angetrunkenen und lärmenden Jugendlichen, die sich, das sah er mit einem einzigen Blick ins hellerleuchtete Businnere, ohnehin schon zu Paaren zusammengefunden hatten? Er machte dem Fahrer das Zeichen, dass er nicht auf ihn zu warten bräuchte und der alte Routemaster, eine Mini-Ausgabe des Londoner Doppeldeckers, knatterte Richtung Sandown. Und nun? Vielleicht ein Bier in einem der Pubs, die Sven und er schon ausgekundschaftet hatten und vorher noch Fish and Chips (Mary, ihre Gastgeberin, hatte darauf hingewiesen, dass sie sich heute ausnahmsweise mal selbst am Fridge bedienen müssten, was weder die beiden Schwedinnen, noch Sven und er getan hatten). Okay, also ein frittierter Kabeljau und dicke, vor Fett triefende Kartoffelstäbchen in Zeitungspapier, obendrauf, wenn man Pech hatte, noch ein Schuss Essig, der Hunger würde es reintreiben. Anschließend ein Newcastle Brown Ale im „Ship & Castle", dazu eine filterlose Player´s Navy Cut, den Ausweis, den man im Pub vorzeigen musste (eine handfeste Unverschämtheit), wusste Tommy zum Glück in seiner Geldbörse. Also gut, zumindest wäre der Abend nicht gänzlich sinnentleert. Er wandte sich Richtung Innenstadt.

„Auch keine Lust auf die dämliche Party?" Tommy stutzte. Nur wenige Meter hinter ihm stand ein Mädchen, das er eigentlich eben unmöglich hatte übersehen können. Aber er hatte! Und jetzt stand sie da! Bevor er antworten konnte, verging eine gefühlte Ewigkeit. Er sah sie einfach nur an – und sah eine schlanke junge Frau, die, da sie ja offenbar auch zu der Sprachen-Gruppe gehörte, in seinem Alter sein musste: 17, maximal 18. Die pechschwarzen Haare auf den Schultern liegend, bekleidet mit einem rötlichen Pullover und einer passenden Cordhose, die Strickjacke, da es ein für Inselverhältnisse recht lauer, fast windstiller Sommerabend war, locker über den Arm gelegt. Im Deutschunterricht hatte er letztens gehört, dass der Protagonist des gerade behandelten Romans manchmal wie „vom Donner gerührt" sei. Er hatte nicht recht verstanden, was der Autor damit über seine Figur eigentlich aussagen wollte. Jetzt aber, in diesem Augenblick an einer Straßenecke in Ryde, während es zu dämmern begann und im Hafen die ersten Lichter angingen, verstand er plötzlich: angesichts dieses Mädchens, das da, wie aus den Wolken gefallen, vor ihm stand und ein bisschen verständnislos schaute, weil er noch immer keine Antwort gab, war er tatsächlich völlig erstarrt, fassungslos, fand keine Worte. Sein Gegenüber merkte sehr schnell, dass er weder aus Unhöflichkeit, Ignoranz oder, weil er womöglich kein Deutsch verstand, nicht reagierte. Die Verwunderung des jungen Mädchens wich einer Art Vergnügen darüber, dass es offenbar ihr Anblick war, der dem Schlaks in Jeans und Batik-T-Shirt die Sprache verschlagen hatte. „Ich meine," half sie ihm, „ob du auch nicht mit diesen besoffenen Typen im Bus und ihren blöden Tussis an irgendeinem Strand dahinten feiern wolltest?" und kam einen Schritt näher. Tommy fühlte, wie der literarische „Donner", der ihn gelähmt hatte, durch einen Blitz plötzlicher Erkenntnis abgelöst wurde – der Erkenntnis, dass es hier und jetzt und in dieser Sekunde darauf ankam, eine Gelegenheit, so vage und ungewiss sie auch sein mochte, am Schopf zu packen. Wenn er sich trotzdem täuschte, könnte er sich nachher absolut nichts vorwerfen.

„Du hast Recht, ich hatte haargenau das gleiche Gefühl. Aber wieso habe ich dich eben nicht gesehen?" Er hielt ihr die Hand hin und vergaß in seiner Aufregung, seinen Namen zu sagen. „Ich wohne bei einer Familie in Wootton Bridge, in der Nähe des Lakeside Parks und saß schon im Bus. Bin auf der anderen Seite ausgestiegen. Du hast so angestrengt vor dich hingeguckt, da konntest du mich nicht sehen. Ich heiße übrigens Doris." Ihm schien, als hätte sie seine Hand ein bisschen länger als üblich festgehalten. „Thomas, aber alle nennen mich Tommy. Aus Essen. Ich wohne mit einem Freund dahinten, im Außenbezirk der Stadt."

Dann nahm er allen Mut zusammen. Ob sie noch Lust auf ein Bier habe, er kenne da einen schönen Pub, gleich da vorne am Hafen. Doris hatte Lust. Auf dem Weg zum „Ship & Castle" erzählte sie, dass sie aus Hamburg komme, Blankenese. Im SPIEGEL hatte Tommy vor Kurzem einen Artikel über die Schönen und Reichen der Republik gelesen. Der Stadtteil Blankenese war dabei mehrfach erwähnt worden. Nach „reich" sah Doris eigentlich nicht aus, aber „schön" fand Tommy sie schon. Dass auch für sie an ihrem Gymnasium jetzt das letzte Jahr vor dem Abi beginne und in den Augen ihrer Eltern und ihres Nachhilfelehrers dringend an der Aufbesserung ihrer Englischkenntnisse gearbeitet werden müsse, die übliche Begründung für die Buchung eines solchen Kurses. „Dabei holen wir uns doch das, was wir brauchen, von den Pop-Songs und der BBC," lachte sie. „Du etwa nicht?" Aber klar, stimmte Tommy zu (er würde ihr ab sofort nur noch zustimmen, in allem) und sagte, dass es aber doch in diesen sechs Wochen abseits der morgendlichen Pflichtkurse noch reichlich Anderes zum Lernen gebe. Wie er denn das meine, fragte Doris, lachte aber dabei so verschwörerisch, dass sie gar keine Antwort von ihm erwartete. Und als sie ihn dann auch noch bestätigend in den Oberarm kniff, war es Tommy so, als käme seine Begleitung von ganz weit her, aus einem Land, in dem man schon alles wusste von der Liebe und der Sehnsucht und dem nicht enden wollenden Begehren, von Berührung und Zärtlichkeit – einem Land zudem, von dessen Existenz Tommy bisher nur gehört, aber geschworen hatte, sich ab sofort auf die Suche danach zu begeben, in der Hoffnung, dass er an dessen Grenze auch eingelassen würde. Die Ausweise, die Doris und er vor der Pub-Tür zückten und dem Wirt hinter der Theke vorzeigten, genügten erstmal nur zum Erwerb zweier Newcastle Browns.

Nach dem ersten kräftigen Schluck – „hanseatischer Grundkurs“ nannte Doris mit dem passenden Akzent diese für eine 17jährige etwas ungewöhnliche Fähigkeit – wischte sie sich mit einer schnellen Bewegung den Schaum von den Lippen. Einige wenige Perlen blieben trotzdem zurück, aber bevor Tommy sie darauf aufmerksam machen oder ihr gar sein Taschentuch reichen konnte, erledigte sie das selbst, indem sie mit ihrer Zunge genießerisch über die Lippen fuhr. Tommy musste wieder an die Metapher von vorhin denken: „Vom Donner gerührt.“ Eine erneute Starre konnte er sich jetzt nicht leisten, aber heiß und kalt durchfuhr es ihn schon. Ob das Zungenspiel bereits eine kleine Provokation war und sie seine Unerfahrenheit sofort in seinen Augen, die sich von ihrem Mund nicht losreißen konnten, erkannt hatte?

Sie sprachen über Musik, den Sprachkurs, ihre Heimatstädte, ihre Hobbies. Beide, so kam heraus, waren in einem Reitverein und stellten lachend fest, dass die Sitzflächen der Barhocker, auf denen sie saßen, offenbar ausgediente Pferdesättel waren, wobei Tommy in einem halbakrobatischen Akt irgendwie noch ein Bein übers andere hatte schlagen können und Doris so saß, wie es ein Sattel nun mal verlangte: ihre langen Beine ließ sie, ihm zugewandt, links und rechts Richtung Kneipenboden baumeln, während sie Hintern und Schoß fest ins Leder drückte. Tommy bemühte sich, diesbezüglich keine weiteren Fantasien zu entwickeln, eine gewisse Erregung konnte er trotzdem nicht unterdrücken. Nicht mehr ganz erstaunlich („hanseatischer Grundkurs“) willigte Doris ein, dass er noch zwei Pints bestellte. Ihr erster Schluck war jetzt etwas dezenter, dafür leckte sie den Schaum diesmal fast in Zeitlupe von der Oberlippe. Tommy fühlte sich zwischen „Himmel und Hölle“, wieder so ein literarischer Bezug. Jener Deutschlehrer hatte die Klasse über zwei Monate lang durch den „Faust“ getrieben, aber, wenn Tommy etwas aus der Lektüre mitgenommen hatte, dann, dass das, was der Teufel dem verzweifelten Gelehrten anzubieten hatte, doch allemal dem vorzuziehen war, was der berühmte Dichter zum Schluss des 2. Aktes an der Güte der himmlischen Heerscharen anzupreisen wusste.

Gerne hätte Tommy seinen Hocker (inzwischen hatte auch er den adäquaten Reitersitz eingenommen, obwohl er eine mittelschwere Verletzung an seinen edleren Teilen befürchtete) näher zu ihrem herangeschoben. Aber irgendwie waren die Dinger von einer solchen Schwere oder gar an der Bar so fest verankert, dass sie völlig unbeweglich erschienen. So mussten sie sich, um weiter miteinander sprechen zu können, mit den Köpfen einander weiter annähern, zumal der Wirt angesichts der hereinströmenden Gäste die Musik entschieden lauter stellte. „Hör mal," sagte Doris, „die neue Single von ´The Move`, ist schon in den Charts ziemlich hoch." Er hatte sie eigentlich gut verstanden, tat aber so, als müsste er mit den Ohren noch näher an ihren Mund heran. „Die ´Move`," wiederholte sie, „die neue Platte ´Tonight`." Da war er schon so nahe, dass sie seine Ohrläppchen mit ihrem Mund hätte berühren können, aber stattdessen hob sie seinen Kopf zurück auf ihre Höhe, nahm ihn in beide Hände, trank noch schnell vom Bier – und als sie ihn küsste (ganz anders als die kleine Marlies auf der Klassenfete, viel intensiver, ernster, erwachsener, selbstgewisser), konnte er auf einmal beides: Sich ganz diesem Kuss hingeben und wünschen, dass er bis zum Ende der Ferien anhielt und gleichzeitig der Musik so zuhören, als gäbe es außer ihr keine anderen Geräusche im Pub, kein Gläserklirren, kein Stimmengewirr, kein Tisch- und Stühlerücken, nur sie, die Musik, und die beiden jungen Menschen, die auf Pferdesätteln an der Bar saßen, die Arme jetzt um die Taille des Anderen gelegt, die Münder aufeinander gepresst, und aus einiger Entfernung sah es so aus, als sei aus den beiden Köpfen hinter dem Vorhang ihrer langen schwarzen Haare (auch Tommys schwarze Strähnen fielen in Richtung seiner Schultern) ein einziger geworden, im Bewusstsein, ein schwerer Liebesmangel hebe sich nun auf im Zauber dieses Augenblicks – und als sie sich, aufgeschreckt von der Last-Order-Glocke des Wirts, voneinander lösten, empfanden sie sich als ganz anders als die, die sie vorher waren: Der Glücksaugenblick war es, der sie so unwiderruflich verändert hatte, für den Abend sowieso, aber auch die nächsten sechs Wochen, vielleicht für ein ganzes Leben, wer weiß das schon. Tommy schien es, gerade, weil die Glocke so unerbittlich das Ende des Abends einläutete, als habe der Kuss eine kleine Ewigkeit gedauert. Und doch war nur die Zeiteinheit verstrichen, die die Seite einer Single-Schallplatte umfasst, drei oder vier Minuten, denn The Move waren noch nicht ganz durch mit ihrem Song, gerade klang erst der Refrain aus: „*I´ll be over tonight, if you say you might...*"

Doris hatte leise mitgesummt, während Tommy die Drinks bezahlte. „*I´ll be over tonight...*", sagte sie und grinste, „...das heißt: Ich komme heute Nacht ´rüber, aber das wird wohl mit uns heute eher nicht hinhauen, Wootton Bridge und Ryde, Gasteltern und -schüler, alles unter Kontrolle und ganz schön weit auseinander". Er fragte sich, ob sie das wirklich bedauerte, ihm schien, sie habe es irgendwie nur so leichthin gesagt, eine ohnehin nur vage Möglichkeit von Anfang an verworfen. Da standen sie aber schon vor dem „Ship & Castle" und küssten sich erneut. Tommy wollte sie nicht loslassen, aber es fuhr noch ein letzter Bus. „Heute Nacht haut es nicht hin...", wiederholte sie beim Einsteigen und machte ihm anschließend sofort neuen Mut, „aber wir haben noch 35 Nächte vor uns". Sie setzte sich in die letzte Reihe, drehte sich sofort zur Rückscheibe. Es war inzwischen stockdunkel, aber beide winkten auf Verdacht einfach so lange, bis der Bus die erste große Kurve nahm.

„Es" haute dann auch, zumindest was das Übernachten in einem ihrer Gästezimmer betraf – Doris teilte es mit einer Maren aus Regensburg, Tommy bekanntlich seines mit Sven – in den folgenden 35 Nächten nicht hin. Und doch erlebte Tommy damals den „schönsten Sommer seines Lebens" - das jedenfalls konnte man ihm (im Gegensatz zu seinen vorgeblichen Festival-Erlebnissen) uneingeschränkt glauben. Und wann immer er von seiner Reise auf diese wundersame Insel mit ihren verfallenen Burgen, den alten Pubs und den typisch englischen Parks erzählte, verfiel er einem schnell ins Kitschige abgleitenden Schwärmen. Gut möglich, dass er zusätzlich auch hier zu Übertreibungen und Ausschmückungen neigte, aber auch viele Jahre später noch legte sich ein wehmütiger Glanz auf seine Augen, wenn er auf die Wochen mit der Hamburger Doris zu sprechen kam. Als hätte er damals schon akribisch Tagebuch geführt (in Wirklichkeit begann er damit erst einige Jahre später), erinnerte er sich angeblich noch genau an jeden der folgenden Inseltage, der, angefangen von den Routinen des Morgens und den anschließenden Pflichtstunden in der Sprachschule, immer nur auf ein einziges Ziel hinauslief: Die Begegnungen mit Doris, die vom Nachmittag bis in den späten Abend reichten, wo es jeweils, allem immer stärker werdenden gegenseitigen Begehren zum Trotz, hieß, an der Haltestelle Abschied zu nehmen. Manchmal, wenn der vorletzte Bus gerade vor ihrer Nase abgefahren war, mussten sie noch eine Dreiviertelstunde unter dem rotblauen Halteschild verbringen. Sie setzten sich dann auf die Bank, alberten herum, aber meistens küssten sie sich, während ihre Hände sich scheu den Bereichen näherten, von denen sie wussten, dass es sie gegenseitig erregen würde. Aber während Tommy nur die Stellen andeutete, die ihn an Doris´ Körper so sehr interessierten (an den ersten Abenden zumindest beließ er es dabei, auf der Vorderseite ihres Pullis um ihre Brüste herum zu streicheln und seine andere Hand bewegungslos auf ihrem Oberschenkel ruhen zu lassen), waren die Vorstöße der jungen Frau da schon intensiver. Wie zufällig landeten meist zwei Finger im Schritt seiner Jeans und übten dort einen sanften Druck aus, von dem Tommy jedes Mal glaubte, er reiche für eine sofortige atombombenartige Entladung. Aber Doris wusste offenbar sehr genau, wann sie mit ihren Fingerübungen aufhören musste. Nachdem es, die Bank stand ungeschützt im Freien, ein paarmal recht stark geregnet und es die beiden aus ihrem Spiel heraus fluchtartig in einen Hauseingang getrieben hatte, achtete Tommy darauf, dass er ab sofort einen Regenschirm mitführte, den er von seiner Gastmutter geliehen hatte (*„It´s possible to take your umbrella with me?*“ – Mary hatte nur gelacht und ihm ein mittelalterlich anmutendes Exemplar vom Dachboden geholt). Das gute Stück kam dann tatsächlich nur ein einziges Mal zum Einsatz. Und während Tommy den Schirm über Doris hielt und selbst ziemlich nass wurde, fragte er sie, ob sie den Song *„Bus Stop*“ von den Hollies kenne. Na klar, etwa fünf Jahre alt, eine meiner ersten Singles, sagte sie, und als Tommy die erste Strophe anstimmte und sofort ins Stolpern geriet, erwies sich Doris einmal mehr als die Textsicherere: *„Bus stop, wet day, she´s there, I say / ´Please share my umbrella`/ Bus stop, bus goes, she stays, love grows/ Under my umbrella*“ – was zum Teufel wollte sie eigentlich in diesem steifen, nur konventionelles Englisch lehrenden Ferienkurs? Am Ende der

Straße wurden die Lichter des letzten Busses sichtbar. Aber es reichte noch für den Refrain, den Tommy zum Glück wieder aus dem Effeff draufhatte und dieses Mädchen, das alle Popsongs kannte und dazu noch küsste und streichelte wie eine große Wissende, sang jetzt auch noch die zweite Stimme dazu: *„All that summer, we enjoyed it / Wind and rain and shine / And that umbrella, we employed it / By August she was mine.*" Schulchor, sagte sie, als der Bus am Stoppschild hielt. „*By August she was mine*", dachte Tommy. Unvorstellbar, eigentlich.

Aber das Leben in den 70ern war doch ohnehin ein einziger Songtext und die dazugehörige Musik der Soundtrack dieses Lebens – eines voller Entdeckungslust, Grenzenlosigkeit, Freiheit, ein einziger Traum nach vorne ins Noch-Nicht! Und so drehte Sven, kaum dass Tommy und er die Augen aufschlugen, sich einen Guten Morgen wünschten und vor unbändiger Freude auf das, was der neue Insel-Tag bringen mochte, sofort den mitgebrachten Recorder an und legte ihr gemeinsames Lieblings-Mix-Tape ein. Es begann – natürlich – mit *„Another day*" von Paul McCartney (der nach dem weltbewegenden Ende der Beatles jetzt solo unterwegs war und später mit seiner Frau Linda die Wings gründete), es folgten – da hatten die beiden schon ihre Betten verlassen, das Fenster zur Straße weitaufgemacht (so dass die Schweden-Mädels nebenan auch mithören konnten) - *„Hot Love*" von T. Rex und natürlich (volles Rohr!) *„Brown Sugar*" von den Stones (wenn ihnen damals einer gesagt hätte, dass Jagger 50 Jahre später das Lied nicht mehr singen würde, weil die woken Moralprediger es unter Rassismusverdacht stellten, hätten sie einen Lachkrampf bekommen!), und zum Schluss, um die durch die Musik wahrscheinlich unsanft geweckten Nachbarinnen wieder gnädig zu stimmen, liefen noch zwei Edelschnulzen: „*Me and you and a dog named Boo*“ des Indianers Lobo (den man heute – unter Androhung der gesellschaftlichen und menschlichen Ächtung - „Indigener“ zu nennen hat) und, um noch einmal die Tageszeit zu betonen, „*Morning has broken*“ vom ewig präsenten Cat Stevens (der sich Jahre später „Yusuf Islam“ nannte und die Fatwa des persischen Ajatollah-Regimes gegen Salman Rushdie enthusiastisch unterstützte – und heute ein gütig-milder Opa ist, der es sich irgendwie mit niemandem mehr verscherzen will). Der Tag konnte kommen: English Breakfast, Herumalbern und Flirten mit den Swedish Girls, danach Englischkurs (Sven brauchte nicht mehr teilzunehmen, er hatte direkt am dritten Tag im Schulbus ein Messingschild abgeschraubt und wurde zu seiner großen Freude umgehend suspendiert). Doris war einer anderen Gruppe zugeteilt und so konnten Tommy und sie nur dann den ganzen Tag zusammen sein, wenn es Ausflüge quer über die Insel gab. Neben den üblichen kulturellen Belästigungen – Kirchen, Burgen, Museen – gab es auch einmal zwei Stunden zur freien Verfügung. Die beiden entschieden sich für einen Aufenthalt an der Freshwater Bay, einem der schönsten Plätze der Insel. Auf der Rückfahrt im Bus erzählte Mr. Doyle, der Englischlehrer, dann, dass Virginia Woolf ihrem einzigen Theaterstück, das sie 1935 schrieb, den Namen „*Freshwater*“ gegeben hatte. Aber selbst, wenn Tommy und Doris das vorher gewusst hätten, es hätte sie nicht im Geringsten interessiert, ebenso wenig wie Mr. Doyles zusätzliche Information, dass Woolf darin die Lebensgeschichte ihrer Großtante, der viktorianischen Fotografin Julia Margaret Cameron, thematisierte. Die beiden hatten, als sie am oberen Ende der wildzerklüfteten Freshwater Bay standen, noch nicht einmal Augen für die schroffen Kreidefelsen oder das zum Baden ohnehin zu kalte Meer, das seine Wellen tosend auf den Strand aus faustgroßen weißen Kieselsteinen warf, und auch die geheimnisvollen Höhlen, die den Schmugglern vergangener Jahrhunderte als Versteck dienten, entgingen ihrer Aufmerksamkeit.

Sie schauten nur auf sich. Trotz des kalten Windes und des insgesamt unfreundlichen Tages hatte Tommy dann doch zwei hölzerne Strandliegen gemietet, auf die sie ihre Handtücher legten. Nur wenige Besucher hatten es ihnen gleichgetan. In dicke Decken und Pullis eingehüllt, wussten auch sie wohl nicht recht, was sie hier suchen sollten. Tommy und Doris wussten es. Doris begann, den ihm schon vom ersten Abend bekannten roten Pullover und die gleichfarbige Cord-Jeans auszuziehen. Darunter trug sie einen buntgemusterten Bikini, Tommy meinte karibische Motive darauf zu erkennen (was für ein Gegensatz zu dieser eher unwirtlichen Umgebung!). Er folgte ihr mit Rollkragenpulli und Jeans. Die Badehose darunter kam ihm jetzt mit ihrem stilisierten Leopardenfell mehr als lächerlich vor (was für ein Raubtier sollte denn da unter dem Stoff lauern?), passte aber irgendwie zu ihren Dessins.

Sie schauten tatsächlich nur auf sich. Möglich, dass Tommy alles auf der Welt darum gegeben hätte, wenn sie ganz nackt gewesen wären oder zumindest das Oberteil nicht länger ihre Brüste bedeckt hätte, deren Spitzen jetzt dem immer aggressiveren Wind Tribut zollten und den Stoff fast zu durchdringen schienen. Was sich zudem unter dem knappen Bikini-Slip verbarg, wusste er zwar theoretisch, konnte (oder wollte?) es sich aber trotzdem nicht recht ausmalen. Lass es lange genug ein Geheimnis bleiben, hatte der Religionslehrer letztens zu ihm gesagt, als er ihm nach der Stunde sein spätpubertäres Herz ausgeschüttet hatte. Aber Geheimnisse waren doch dazu da, gelüftet zu werden, oder?

Und Doris? Möglich, dass sie, die zögerlich Wissende, sofort gesehen hatte, was sich unter dem albernen Leopardenmuster regte, ohne dass ihre Bushaltestellenfinger zum Einsatz gekommen wären. Möglich auch, dass sie sich mit ihm in einen Raum hineindachte, in dem sie ganz allein wären, in einem einsamen Haus, ihrethalben auch in einer Holzhütte, nur sie beide, ohne Karibik-Bikini und Wildkatzen-Badehose alles das erfüllend, was die 70er Jahre ihnen verhießen, aber bis jetzt noch weitgehend vor ihnen verborgen hielten. Aber jetzt lagen sie nunmal da in der Freshwater Bay auf alten Holzliegen, nur halbnackt und erbärmlich frierend, schnell siegte die Kälte über alle Sehnsucht. Aber bevor sie sich ihre Kleidung wieder überwarfen und zum vereinbarten Treffpunkt zurückkehrten, nahmen sie sich noch einmal in den Arm, so, wie sie waren, beide von Gänsehaut überzogen, die Haare in alle Himmelsrichtungen wehend, die Brustspitzen von Doris noch immer im Kampf gegen den Bikinistoff und Tommys Erregung deutlich sichtbar, ohne dass er wusste, wohin damit, dann noch eine Umarmung, eine Ahnung davon, wie es sich anfühlt, wenn sich die eigene Haut an der des Anderen reibt, noch einer dieser Küsse im August des Jahres 1971, von der eigentlich auch schon die Jungen wissen, dass sie nicht bleiben, auch, wenn das ganze Leben noch vor ihnen liegt. Und als dann später im Bus Mr. Doyle vorne beim Fahrer stand und, obwohl das dort eingestöpselte Mikrofon seine Stimme, die sonst so distinguiert daherkam, zu einem heiseren Krächzen verzerrte, weiter seiner Begeisterung über die unglückliche Dichterin nachgab, hörten sie nicht hin. Stattdessen hielten sie sich im Schutz der Sitzbank vor ihnen an den Händen, aus denen die Kälte der Freshwater Bay längst gewichen war. Erst 50 Jahre später stolperte Tommy noch einmal über Virginia Woolf, als er den Film *„Vita und Virginia"* sah, in dem es um ihre kurze Liebesziehung zur damals bedeutend erfolgreicheren Schriftstellerkollegin Vita Sackville-West ging. Bei Doris ging es schneller: Als Soziologie-Studentin kurz vor dem Examen wurde in ihrer Frauengruppe Woolfs *„A Room of One´s Own"* als ein eminent bedeutender Text des Feminismus diskutiert und gefeiert. Ob sich die da noch junge Doris und viel später der altgewordene Tommy daran erinnert haben, wie ihre Hände die ganze Zeit während Mr. Doyles Referat nicht voneinander lassen konnten und sie ihre Oberschenkel auf der abgewetzten Rückbank des Schulbusses gegeneinanderdrückten? *„The years,"* hätte Virginia Woolf geseufzt, bevor sie, die exzellente Schwimmerin, ihre Manteltasche mit einem großen Stein beschwerte und sich ins Wasser des Flusses Ouse in der Nähe von Rodmell gleiten ließ. *„Ich glaube nicht, dass zwei Menschen hätten glücklicher* *sein können, als wir gewesen sind,*“ so endete der Abschiedsbrief an ihren Mann.

Abschiede, immer. Fünfeinhalb Wochen waren nur so dahingeflogen zwischen Englisch-Lektionen, Ausflügen über die Insel, Spätnachmittagen zu zweit auf einer Parkbank oder Händchenhalten beim Schlendern am Hafen, dem Beobachten des Hin und Hers der Hovercrafts, die ihnen den Wechsel zwischen Ankommen und Verlassen schmerzlich deutlich machten, den Abenden im „Ship & Castle“ zwischen Bier und Musik, schließlich das nächtliche Winken am Bus Stop, der Traurigkeit darüber, nicht zusammen in einem der Betten in Wootten Bridge oder in Ryde liegen zu können, das gleichzeitige vage Versprechen darauf, dass es bald so weit sein würde, bald, wenn sie wieder in Deutschland wären oder noch vorher, in einem billigen Hotelzimmer in London. Denn der krönende Abschluss des „Fahr mit“-Programms (Sven fügte immer noch, Tommys Nöte spöttisch kommentierend, den erdachten Imperativ „Schlaf bei“ hinzu) waren drei Tage London, das obligate Sightseeing inklusive, aber auch das Versprechen auf reichlich freie Zeit. Auch könne, wenngleich prinzipiell geschlechtergetrennt, die Verteilung der Gruppe auf die Hotelzimmer individuell erfolgen, so erinnerte Sven jedenfalls die Modalitäten des Vorjahrs, da sei „immer was gegangen“. Tommy und Doris malten sich da so einiges aus.

Vorher aber gab es ein großes Abschiedsfest, natürlich wieder in Form einer Strandparty mit eindrucksvollem Lagerfeuer, diese Art von Pseudoromantik schien für den Veranstalter nicht verhandelbar, obwohl die meisten der Teilnehmer einen zünftigen Abend in einem Pub vorgezogen hätten oder in einer der damals wie Pilze aus dem Boden schießenden Diskotheken, in denen es, dem Vernehmen nach, vor allem in den Nischen jenseits der Tanzfläche bis auf die üblichen Flaschenkerzen fast stockdunkel war: Ein besserer Ort zum Knutschen und Fummeln ließ sich eigentlich nicht denken, und den einen oder anderen Joint sollte es dort auch geben. Aber die Gruppenleitung blieb standhaft: 18 Uhr am Strand, es würde gegrillt, die Getränke seien selbst mitzubringen.

Am Morgen besuchte Tommy zusammen mit den Mitschülern der vergangenen Wochen die Sprachschule zum letzten Mal (Sven war aus bekannten Gründen ferngeblieben). In einer feierlichen Zeremonie überreichten die Lehrer ihnen die erworbenen Zertifikate (im Wesentlichen Belege für die Eltern, dass ihre Sprösslinge sich nicht nur den zahlreichen Ablenkungen auf dieser Reise ergeben hatten - ein paar Streber gab es natürlich, die sich auch aus sämtlichen Lustbarkeiten herausgehalten hatten, aber deren Übereifer wurde während der Unterrichtsstunden von den anderen immer rasch eingefangen). Die mit dem Wappen der Schule verzierten Abschlussmappen waren von den Lehrern mit individuellen Widmungen versehen worden. Mr. Doyle, ein stets gutgekleideter Mittvierziger mit sorgfältig gestutztem Schnurrbart und versehen mit jenem britischen Humor, den Tommy schon von den TV-Serien um Marty Feldman und Monty Python her kannte und überaus schätzte, hatte ihm zu seiner Überraschung nicht etwa einen der gängigen

Sinnsprüche in die Mappe geschrieben, sondern ein Zitat aus dem 116. Sonett von William Shakespeare: „*Love is not love that alters when it alteration finds...*". Aber das verstand Tommy erst viele Jahre später, und dieses Verstehen war ein sehr bitteres.

Sven hatte nicht die geringste Lust auf die Strandparty, er hatte seinen ganz persönlichen Abschied von der schwedischen Maja zu nehmen. Weil Tommy sich, obwohl angesichts der kühlen abendlichen Temperaturen mindestens ein dicker Pulli zu empfehlen gewesen wäre, noch einmal so richtig auffällig „rausputzen" wollte, seine Eltern aber beim Kauf seiner Kleidungsstücke immer darauf achteten, dass ihr Stil im vertretbaren Rahmen blieb und er so gar nichts Außergewöhnliches im Koffer hatte, lieh Sven ihm seine gesamte extravagante Ausrüstung, die brauchte er heute beim letzten Tète-à-Tète mit Maja nun wirklich nicht. Sven und Tommy waren beide noch von ähnlicher Statur, für ihre heutigen Ansätze leichter Adipositas wurden damals allenfalls erste Grundlagen gelegt. Und so stammten, als Tommy sich auf den Weg zum Strand machte, Unterhose und Socken als einzige aus dem eigenen Fundus. Sven hatte vorher den Teil des Kleiderschranks, der ihm in ihrem Zimmer zustand, geöffnet und Tommy mit einer einladenden Handbewegung aufgefordert, sich zu bedienen. Sein Freund entschied sich für die rubinrote Samthose, deren breiter Schlag in der Mitte eine V-förmige Ausbuchtung hatte, sodass der Stoff symmetrisch über die Schuhe – selbst Svens geschmeidige italienische Slipper passten ihm – fiel. Von gleicher Farbe und gleichem Stoff war das Oberteil, einem Pulli ähnlich, aber mit einem Reißverschluss auf der Vorderseite, der sich bis auf Höhe des Brustbeins aufziehen ließ und so die ersten sich dort kräuselnden Haare präsentieren konnte. Der Clou war allerdings der Gürtel: Da die Schlaufen der Schlaghose eine Breite von etwa zehn Zentimetern aufwiesen, hatte Sven auch das passende Ungetüm aus Leder dazu. Das legte sich wie ein überdimensionierter Patronengurt um Tommys Hüfte, es fehlten eigentlichen links und rechts nur noch die Halfter mit den entsprechenden Colts. Das entscheidende Accessoire, das an diesem Abend noch eine unheilvolle Rolle spielen sollte, war die Gürtelschnalle: einem Sheriffstern nachempfunden, wies sie fünf spitze Zacken auf. Tommy musste aufpassen, dass sich, wenn er sich vornüberbeugte, die oberste Zacke nicht in seinen Bauch bohrte. Dann öffnete Sven noch seine Nachttischschublade, nahm eine schwere silberne Kette heraus und legte sie Tommy um den Hals. Den Anhänger bildete das seit den 50er Jahren von jeder Anti-Kriegs-Demo bekannte Peace-Zeichen, das bis fast auf seinen Nabel fiel. Ein auffälligeres Statement konnten auch ein Bürgermeister mit seiner Amtskette oder ein Priester mit einem umgehängten Riesenkreuz nicht liefern. Tommy stand vor dem Spiegel und staunte über den Menschen, der ihn dort ansah. Welch wundersame Verwandlung! Aber in sein inneres Jubilieren mischte sich auch die Befürchtung, dass Doris ihn schallend auslachen würde. Ach was, sie würde es genießen, mit einem wie ihm auf der Party zu erscheinen! Leider ließ er es zu, dass Sven mit seiner teuren Spiegelreflexkamera noch ein Foto von ihm machte. Jahrzehnte später entdeckte Tommy es in einem Album, tief unten in einer Umzugskiste. Er hatte es unvorsichtigerweise M. gezeigt. Ob er früher in Schwulen-Discos verkehrt habe, fragte sie ihn.

Doris wartete am Anfang des Weges, der zum Strand führte. Als wenn sie sich abgesprochen hätten, trug auch sie eine für die Strandparty ziemlich unangemessene Kleidung: statt Pulli oder T-Shirt hatte sie sich für eine beigefarbene Bluse und einen kurzen braunen Faltenrock entschieden, ihre davon kaum bedeckten Beine waren nackt und statt in festen Turnschuhen steckten ihre Füße in Pumps mit einem viel zu hohen Absatz (hätte sie geahnt, was in wenigen Minuten auf sie zukam, hätte sie sich zumindest für flache Schuhe mit Profilsohle und eine Strumpfhose entschieden). Sie lachten, als sie sich so sahen, „Gehen wir zu einer Kostümparty?", fragte Doris. Tommy hatte zuvor noch eine Verbeugung angedeutet, einen imaginären Hut gezogen und dazu mit der Hand schwungvoll ausgeholt: Vor ein paar Tagen, als sie auf der Bank im Park saßen und über Literatur sprachen, war ihnen ihre gemeinsame Sympathie für die „Drei Musketiere", mehr noch für deren Mitstreiter d´ Artagnan aufgefallen. Jetzt also begrüßte der forsche Gascogner Tommy seine Hofdame Constance Bonacieux, die mit einem huldvollen Nicken antwortete, bevor sich die beiden in die Arme fielen und küssten. „Das tut weh," sie wich zurück und zeigte auf Tommys überdimensionierte Gürtelschnalle, über die er schnell das Samthemd fallen ließ und schwor, beim nächsten Mal aufzupassen – ein Warnsignal, das sie beide schon wieder vergessen hatten, als sie sich an den Händen nahmen und Richtung Strand losmarschierten. Mit jedem Schritt wurde der Weg sandiger und sie verfluchten innerlich ihr Schuhwerk. Zwar wehten vom Lagerplatz am Strand schon erste Musikfetzen herüber – Tommy meinte „*Lola*“ von den Kinks zu hören – aber die Strecke zog sich noch verdammt lang hin.

Er zeigte auf die Reihe von kleineren Felsen, die zwischen Dünenweg und Strand aufragten. „Wir nehmen die Abkürzung“, schlug er vor, und noch ehe Doris protestieren konnte, hatte er sie schon auf den ersten steinernen Vorsprung gezogen, von dem man aus tatsächlich das gar nicht weit unter ihnen brennende Lagerfeuer sehen konnte. Auch die Gruppenleiter und erste Mitschüler waren auszumachen, hingegen machte der Weg noch einen Riesenbogen um die Felsen herum und schließlich hätte man das ganze Stück am Strand zurücklaufen müssen. Tommy kletterte vor, war schon auf der anderen Seite. Doris, fast zwei Meter über ihm, balancierte noch auf der Felsspitze und wusste nicht recht, wie sie zu ihm gelangen sollte, wollte schon den Rückzug antreten. Tommy breitete die Arme aus: „Spring einfach, ich fang Dich auf!“ Doris zögerte, schaute noch einmal hinter sich und erwog erneut, den sicheren Umweg zu nehmen. „Hey, spring, meine liebenswerte Constance, der Musketier des Königs wird dich sicher zum Ballsaal bringen!“ Die glatten Sohlen ihrer Pumps ließen Doris plötzlich keine Wahl mehr, sie verlor die Balance, kam ins Rutschen und konnte ihren Fall nicht mehr kontrollieren. Tommy fing sie trotzdem auf, fiel mit ihr aber in den weichen Sand. Dass sie dabei laut aufschrie, führte er im ersten Augenblick auf den Schreck über ihren Sturz zurück, dann aber sah er das Blut, das wie eine kleine Fontäne aus ihrem

Oberschenkel schoss. Sie war mit voller Wucht auf seine Gürtelschnalle gesprungen, einer der Zacken des Sheriffsterns hatte sich in ihr Fleisch gebohrt. Sie schrie und zitterte und weinte, sah ungläubig auf den Blutstrom, den Tommy hilflos mit einer Hand zu stoppen suchte.

„Abbinden, Abbinden!" Die Gruppenleiter kamen vom Lagerfeuer herübergerannt. Einer von ihnen riss den eigenen Gürtel aus den Schlaufen seiner Jeans und zog ihn fest um Doris´ Oberschenkel, während der andere ein Handtuch unter ihren Kopf legte, ihre Hand streichelte und beruhigend auf sie einredete. Ihr Schreien war inzwischen in ein leises Wimmern übergegangen. Tommy stand wie gelähmt daneben, hatte diesen Scheißgürtel längst in den Sand geschmissen, stammelte irgendwas vor sich hin, bis ihn einer der älteren Mitschüler an den Schultern fasste und anbrüllte, dass er ein „verfluchter Idiot" sei und jetzt mit ihm Hilfe holen müsste. Tommy wollte Doris da nicht allein im Sand liegen lassen, aber der Kerl ließ ihm keine Chance, verpasste ihm einen weiteren Stoß. Die beiden rannten los, als ginge es um *ihr* Leben. Tommy verlor Svens teure Slipper, lief barfuß weiter, das Peace-Zeichen, das bei jedem Schritt wild gegen seinen Bauch stieß, riss er sich herunter und stopfte es in die Hosentasche. Beim ersten Haus hielten sie an, trommelten gegen die Türe, hatten das Glück, dass ein älterer Mann aufmachte und sie an sein Telefon ließ. „999 is the Emergency number", rief er, als Tommy den Apparat fast aus der Wand beförderte und dann hektisch versuchte, der Leitstelle den Ort des Unfalls zu beschreiben. Dann machte er schlapp, sein Kreislauf flachte abrupt ab und er ging in die Knie. Der ältere Mann legte Tommy auf seine Couch, holte eine Decke und gab ihm zu trinken, während der andere Junge, Daniel, zum Strandweg wollte und den Krankenwagen einweisen.

Das englische Gesundheitssystem befand sich damals in einem katastrophalen Zustand. Die Labour-Regierung von Harold Wilson war zwar im Jahr zuvor von den Konservativen unter Edward Heath abgelöst worden, ihre sozialistischen Experimente wirkten jedoch weiter nach. So hatte Labour zum Beispiel die Ärztegehälter massiv gekürzt, aber auch in anderen Bereichen der Krankenbehandlung Leistungen derartig nivelliert und unattraktiv gemacht, dass nur noch die wenigsten jungen Leute Lust hatten, Medizin zu studieren bzw. nach ihrem Studium sofort im Ausland lukrativere Stellen annahmen. Auf dem Land sah es besonders schlimm aus – und die Insel, wiewohl Touristenmagnet, machte da keine Ausnahme. Noch Tage zuvor hatte die „Fahr-mit"-Auswahl ein Fußball-Freundschaftsspiel gegen ihr schwedisches Pendant ausgetragen. Die Wikinger waren schon sturzbetrunken auf den Platz gekommen und hatten getreten, was das Zeug hielt. Auch drei Platzverweise konnten sie nicht von ihrer brutalen Spielweise abhalten. Zwar gewannen die Deutschen recht deutlich, aber noch in der Schlussminute wurde ihr Mittelstürmer von einem dieser blonden Hünen von hinten umgetreten: Wadenbeinbruch! Aber der junge, völlig unerfahrene und erst reichlich spät eintreffende Arzt des Inselkrankenhauses, der gegen seinen Willen aus London nach Wight abkommandiert war, behandelte den armen Jungen völlig lustlos und ohne jede

Empathie, und als „Tüpfelchen auf dem I" gipste er ihm auch noch das falsche Bein ein. Soviel zur Vergesellschaftung des Gesundheitswesens.

Auch der Krankenwagen hatte über Gebühr lange gebraucht, bis er die Stelle, an der Doris lag, erreichte. An Bord war – natürlich – kein Arzt, aber dafür zwei kundige Sanitäter, die den Gruppenleitern, denen es inzwischen gelungen war, die Blutung zu stoppen, „an excellent work" bescheinigten. Als Tommy, halbwegs wieder auf den Beinen, erschien, war Doris schon ins Inselkrankenhaus gebracht worden. Zwar loderte das Feuer noch hoch in den Abendhimmel, auch gab es ein paar gegrillte Würstchen und Bier für die inzwischen fast vollzählig eingelaufenen Schüler, aber Stimmung wollte nicht mehr aufkommen, die Musik war heruntergedreht worden, kaum Lachen, nur wenige zaghafte Flirts – Tommy, dessen dämliche Aktion sich inzwischen herumgesprochen hatte, war verantwortlich dafür, dass aus einer rauschenden Abschiedsparty eine Trauerveranstaltung geworden war. Daniel versuchte ihn aufzubauen und ihm seine Schuldgefühle auszureden, brachte ihm eine Dose Bier und eine Wurst, aber Tommy nickte nur, ließ beides unangerührt im Sand stehen und schwieg. Er versuchte sich vorzustellen, wie Doris jetzt mit aufgeschlitztem Oberschenkel im Krankenhaus liegen würde, vielleicht in einem Mehrbettzimmer voll schnarchender Frauen, wie sie Schmerzen hätte und leise in sich hineinweinte, ihn verdammen würde oder ihn herbeisehnen. Seine Constance, aber sie lag da nicht wegen einer Intrige des ekelhaften Kardinals oder des einäugigen Rocheforts, sondern aufgrund *seiner*

Dummheit und Fahrlässigkeit und besonders seiner pubertären Eitelkeit, die ihn dazu geführt hatte, sich von Sven diesen präpotenten Gürtel zu leihen. Tommy stand auf, Daniel hatte ihm gesagt, dass Doris heute Nacht keinen Besuch mehr empfangen dürfe, die morgige Besuchszeit beginne ab 15 Uhr, und ob sie überhaupt rechtzeitig entlassen würde, um die bevorstehende Fahrt nach London anzutreten, sei eher unwahrscheinlich.

Tommy ging Richtung Innenstadt, barfuß, Svens Slipper waren sicher von der Flut weggespült worden. In Deutschland gäbe er ihm das Geld für ein neues Paar, auch mussten Hose und Hemd gründlich gereinigt werden. Als er in ihr Zimmer kam, war Svens Bett noch leer – richtig, er feierte seinen ganz speziellen Abschied mit Maja.

Sein Schlaf war unruhig, die Träume schickten ihm immer die gleichen Bilder: Doris und er, wie sie sich gegenseitig wegen ihres Overdressings veralberten, sich küssten und Doris sich über die Gürtelschnalle beschwerte, Cut – dann kam schon der Sprung, ihr Aufschrei, das aus ihrem Oberschenkel schießende Blut. Overdressing, Kuss, Schnalle, Sprung, Schrei...immer und wieder, den gesamten Rest der Nacht über.

„Every day she takes her morning bath, she wets her hair / Wraps a towel around her as she´s heading fort the bedroom chair...”, verlässlich weckte ihn McCartney. Sven drehte den Radio-Recorder lauter. „Von dir hört man ja tolle Sachen...“. Er hatte mit der Schwedin das gemacht, was sich Tommy (Doris wohl eher) nicht getraut hatte („Es geht auch in der freien

Natur, Tommy, wenn man nur will"). Auf dem Nachhausweg hatten sie ein paar Partygäste getroffen, die ihnen die Neuigkeiten erzählten. Sven klopfte ihm jovial auf die Schulter: „Wird schon, mein Freund, fahr erstmal ins Krankenhaus, dann sehen wir weiter. Und um die Klamotten brauchst du dir keine Gedanken zu machen, ich gehe in London mal ein bisschen shoppen." So war Sven, und als vom Band *„Morning has broken"* kam, sah die Welt für Tommy schon etwas anders aus, ein bisschen jedenfalls.

Doris empfing ihn im Gang, sie durfte mit Hilfe einer Krücke schon ein bisschen herumhumpeln. Sie trug eines dieser langen, auf dem Rücken mit einer Schleife zusammengebundenen Krankenhaushemden, darüber eine Art Morgenmantel, „Leihgabe von der Zimmernachbarin". Die Frühform einer Cafeteria gab es auch: Kekse und Tee. Auf dem Weg dahin wollte er sie zusätzlich stützen, aber sie wehrte ab. Dann saßen sie sich gegenüber, er wollte seine Hand auf ihre legen, auch dem entzog sie sich. Nüchtern berichtete sie davon, wie es ihr seit gestern Nacht ergangen war: im Ambulanzwagen noch ein Druckverband, dann im Krankenhaus Blutkonserve, schmerzstillende Spritze, schließlich Klammern der Wunde, die „groß und lang" sei. Zweibettzimmer, da sei sogar ein längerer Schlaf möglich gewesen. Sie würde bereits morgen entlassen, müsse aber noch ein paar Tage zur Nachsorge kommen. London habe sich damit erledigt, „Fahr mit" böte, wenn die ärztliche Erlaubnis erteilt würde, einen Rückflug von London an. So weit. Tommy hob an, sich wortreich zu entschuldigen und wie er alles wieder gut machen könne, aber sie unterbrach ihn, es sei jetzt, wie es sei und sie wünsche ihm einen schönen Aufenthalt in der Hauptstadt. Zwischendurch glaubte er, dass ihre Züge weicher würden, und einen Moment sah es so aus, als würde sie jetzt ihre Hand zu ihm herüberschieben, aber offenbar täuschte er sich. Doris erlaubte, dass er sie zurück aufs Zimmer begleitete. Sie schien müde von dem kleinen Ausflug, ließ zu, dass er ihr beim Einstieg ins Bett half. Dabei rutschte ihr Hemd hoch und er sah den riesigen Verband, durch den an einer Stelle noch vor kurzem etwas Blut gedrungen schien. Doris schloss die Augen. „She´s tired," sagte die Bettnachbarin, „better you go now." Tommy wollte noch etwas sagen, sie berühren, vielleicht trotz allem ein letzter Wangenkuss, aber er hörte bereits ihre gleichmäßigen Atemzüge, nickte der anderen Patientin zu und schloss leise die Tür.

Draußen begegnete ihm ein Arzt. „Your girlfriend?" Er zeigte auf das Zimmer, aus dem Tommy gerade gekommen war. Er nickte. Der Arzt zog ihn in eine Nische. „She was injured severely. It´s okay now, the worst is over. But she will get a beauty problem". Ein Schönheitsproblem, wieso das? Der junge Mediziner legte ihm jovial die Hand auf die Schulter: Solidarität unter Männern. Fehlte nur noch, dass er Tommy ein Auge zugekniffen hätte. „There will be a big and permanent scar on her thigh, life-long, better you get used to it from now on". Eine große und lebenslang bleibende Narbe am Oberschenkel, am besten finde er sich schonmal mit dem Gedanken ab. Der Weißkittel schien davon auszugehen, dass sie die nächsten Jahrzehnte zusammenblieben! Und doch versetzten ihm dessen Worte einen

Stich ins Herz. Eigentlich hatte er Doris´ nackte Beine ja nur ein einziges Mal gesehen, beim Besuch der Freshwater Bay, als sie sich trotz der Kälte bis auf den Karibik-Bikini ausgezogen hatte. Wenn er sich jetzt vorstellte, dass sich eine hässliche lange Narbe auf ihrem Oberschenkel bilden würde (die Wunde war wahrscheinlich von den Ober-Experten hier auch noch so dilettantisch geklammert worden, dass sich jeder nachträgliche kosmetische Eingriff verbot), sie ihr ganzes Leben lang brandmarken, bei jedem Mann (er konnte es ja wohl nicht mehr sein), der sie nackt sah, eine Abwehrreaktion auslösen würde – verfluchte er noch einmal sein Dorian-Gray-Imitat in Svens Klamotten vor dem Spiegel und dass er den Gürtel nicht schon da abgenommen hatte, als er Doris beim Küssen wehgetan hatte.

Der Arzt wusste über die Reisepläne der Gruppe Bescheid. Ob Tommy denn bliebe und dann mit Doris nach Hause fliegen würde? Daran hatte er überhaupt nicht gedacht! Das wäre doch *die* Gelegenheit zur Wiedergutmachung! Und vielleicht auch die Chance, dass sie über die England-Tage hinaus – Hamburg hin, Essen her – zusammenbleiben könnten und er bei ihrem „ersten Mal" ganz besonders zärtlich mit dem Stigma verfahren würde, das sie nun ihr ganzes Leben begleiten würde, „I´ll think about", sagte Tommy und reichte dem Doktor die Hand. „Thanks for all", rief er ihm noch nach.

Er fuhr am nächsten Tag mit den anderen nach London. Schon auf dem Hovercraft tat es ihm leid, nach der Ankunft in Portsmouth wollte er gleich die nächste Fähre zurücknehmen. Aber da waren die Koffer schon im Bus verladen, außerdem lockte ihn die Premiere des Stones-Films *„Gimme Shelter"* im Westend, für den die Reiseleitung Karten organisiert hatte – mit solchen Banalitäten versuchte er sich vor sich selbst herauszureden, jetzt und in den vielen Jahren danach auch. Im Londoner Hotelzimmer, das er mit Sven teilte, obwohl tatsächlich, wie von Tommy ja ursprünglich erhofft, alle möglichen Variationen, auch innerhalb der Geschlechter, sich als machbar erwiesen, lag er alle drei Nächte wach, voll von Traurigkeit und Schuldgefühlen. Aber er schaffte noch nicht einmal einen Anruf auf die Insel. Wenigstens hätte er Kontakt aufnehmen können mit dem Krankenhaus, mit dem vor Ort gebliebenen Reiseleiter, mit der Gastfamilie von Doris – und vielleicht wäre sie ja sogar selbst ans Telefon gekommen und sie hätten sprechen können von ihrem Sprung in die gottverdammte Schnalle und davon, dass er sie auch danach genauso schön fände wie bei ihrer ersten Begegnung am Bus Stop und beim Aneinanderreiben ihrer frierenden Körper in der Freshwater Bay, sie im Karibik-Bikini, er in der Leoparden-Badehose,

Ganz zu Beginn der Ferien hatten sie ihre Adressen ausgetauscht. Als Tommy wieder in Deutschland war, vor sich noch ein Jahr bis zum Abi, ließ er die wenigen Wight-Fotos, die er mit seiner Agfa-Clack gemacht hatte, entwickeln. Doris war ein paarmal darauf, leider immer nur in Pulli und Jeans, weder im Rock, noch im Bikini. Aber der Anblick der Bilder ließ wieder diese Sehnsucht aufkommen, die immer noch unerlöst in ihm weiterloderte. Er schickte ihr einen Brief, legte die Abzüge bei, schrieb davon, wie sehr er sie vermisse und ob es ihr wieder gut gehe. Aber nichts. Er versuchte es ein zweites, drittes Mal. Erst nach einem halben Jahr antwortete sie, bedankte sich für die Fotos. Nichts über sie beide, nichts auch über die Narbe. Aber dass sie einen Freund habe, mit dem sie sehr glücklich sei. Und ein erfolgreiches Abi wünsche sie ihm.

Das ist jetzt 52 Jahre her. Wenn Doris noch lebt, ist sie etwa so alt wie Tommy. Manchmal glaubt er, dass sie noch jeden Morgen unfreiwillig an ihn denkt – nämlich dann, wenn sie die Dusche betritt, den Wasserhahn öffnet, die Temperatur regelt, ihren Körper strafft und zusieht, wie das Wasser an ihm herunterläuft, auch über eine lange, vielleicht mit der Haut gealterten Narbe: Permanent Scar. Aber Tommy weiß auch, dass es nicht nur diese fasernreiche, mit der Zeit vielleicht immer hässlicher gewordene Fibrose ist, für die er die Verantwortung trägt.

Schlimmer ist die Narbe, die er in ihrer Seele hinterlassen hat.

LATTENTREFFER

„Da hörte ich schwach aus dem Bett hinter mir eine verschlafene Stimme, die mich sanft fragte: Ist der Fußball vorbei?

Ja, er war vorbei. Jetzt ist der Himmel."

(Jean-Philippe Toussaint)

Das Camp Nou war voll bis unters Dach.

Mein alter Freund Kurt und ich, ein seit den Zeiten, als der FC Schalke 04 noch in der Kampfbahn Glückauf und dann im Parkstadion spielte, unzertrennliches Gespann, waren gegen Mittag in Barcelona gelandet, hatten unser Hotel nahe dem Stadion bezogen und ein erstes San Miguel auf den Ramblas geköpft.

Ich wollte mir mit ihm noch Gaudís Wunderwerk ansehen, aber Kurt meinte, dass es vor solch einem entscheidenden Spiel der Schalker wichtiger sei, anständig „vorzuglühen", wie er es nannte. Als ich allein aus der Sagrada Familia zurückkam, sah ich ihn inmitten eines großen Pulks blau-weiß gekleideter Fans vor Kopf an einem langen Tisch auf der Terrasse der Bodega thronen, wo ich ihn vorhin verlassen hatte. Wie immer in Anzug und Weste aus feinstem Tuch gewandet (unter den Produkten eines italienischen Stardesigners tat er es nicht), dazu die passende Seidenkrawatte, den Scheitel mit Brillantine gezogen und den Schnäuzer bis auf den Millimeter gleichmäßig gestutzt, in der linken Hand das Bierglas, rechts zwischen abgespreiztem Zeige- und Mittelfinger die Marlboro, erklärte er den angesichts seiner imposanten Erscheinung gebannt Lauschenden die zu erwartenden Spielsysteme, wobei er der besseren Anschauung wegen abwechselnd Bierdeckel, Aschenbecher und leere Flaschen auf dem Tisch hin und her verschob. Als er mich sah, entließ er seine Zuhörer mit einer huldvollen Geste, „Man sieht sich später, Amigos, Glückauf!“, erhob sich, schob ein paar Euroscheine unter den von Kippen überquellenden Aschenbecher und sagte, es sei Zeit. Für die letzten drei Kilometer zum Camp Nou orderte er ein Taxi, das war, seit wir uns vor über 50 Jahren kennengelernt hatten, eines seiner Markenzeichen: bloß keinen Meter zu weit gehen und auf keinen Fall öffentliche Verkehrsmittel nutzen (nur ein einziges Mal hatte er vor Jahren, weil man ihm den Führerschein entzogen hatte, nach einem Schalke-Spiel den Bus vom Stadion zum Hauptbahnhof nehmen müssen und war während der Fahrt sofort unangenehm aufgefallen - ich war nicht dabei und hörte hinterher nur, dass ein Fan der gegnerischen Mannschaft nach einem Zusammenstoß mit ihm ärztliche Hilfe benötigte und Kurt noch einen Zwischenstopp auf einer Polizeiwache einlegen musste).

Ich selbst konnte mir, seit ich pensioniert war, jetzt endlich auch außerhalb der Schulferien ein Champions-League-Spiel im Ausland ansehen, und auch ein teurer Platz war drin, für Kurt ohnehin kein Problem, er war seit Langem wohlhabender Privatier. „Immer nur Blue Chips kaufen“, hatte er mir eingeschärft, aber Aktien waren mir nie geheuer gewesen.

100.000 Zuschauer, neben dem Maracana in Rio und irgendeiner Sportstätte in Teheran, wo aber bevorzugt öffentliche Hinrichtungen stattfanden, das größte Fußballstadion der Welt! Wir hatten exzellente Plätze im sogenannten VIP-Bereich, Kurt meinte bei der Ticket-Buchung, dass wir zwei mindestens ebenso „very important“ seien wie das „ganze Neureichen- und Zuhälter-Gesocks“, das seiner Expertise nach überwiegend die teuren Plätze in den Stadien besetzte. Die Mannschaften machten sich warm. Ich musste beim Anblick dieser gewaltigen Arena mit ihren zahlreichen sogenannten Event-Bereichen zurückdenken an das alte Gelsenkirchener Parkstadion vor nunmehr über 40 Jahren, einem nüchtern-lieblosen Mehrzweckbau, der die entsprechenden Bedürfnisse der Leichtathletik – Laufbahn, Sprunggrube, Diskuskreis - gleich mitbediente und in dem allerhöchstens bei den Derbys gegen Dortmund oder Bayern mal so etwas wie Fußballstimmung aufkam, als Spielstätte für den traditionsreichen Heimverein eigentlich eine Unverschämtheit. Trotzdem kam es für Kurt und mich nicht in Frage, auch nur ein Spiel dort zu verpassen.

Ich war damals, als die Glückauf-Kampfbahn ihre Pforten schloss und das Parkstadion unter dem Vorwand errichtet wurde, die Bundesrepublik als Gastgeber der WM 1974 müsse auch in diesem Bereich der Welt ihre Überlegenheit als Ingenieursnation demonstrieren, gerade 20 geworden, Student der Geisteswissenschaften im vierten Semester, der aber statt ernsthafter Auseinandersetzung mit philosophischen Problemen oder dem Erlernen verschiedener Wege zur soliden Literaturanalyse eher auf der verzweifelten Suche nach dem ersten richtigen und längst überfälligen Erlebnis mit einer Frau war. Zahlreiche Versuche waren bislang gescheitert, und eigentlich wusste ich nicht genau, warum. Ich sah ganz gut aus, hatte fast schulterlanges, schwarzes Haar, das (wie man mir zutrug, eher zarte, eine für Männer ungewöhnliche Sensibilität ausstrahlende) Gesicht eingerahmt von den zu dieser Zeit üblichen, an den letzten österreichischen Kaiser erinnernden, buschigen Koteletten und einen Bauch, der noch flach war wie ein Brett. „Che bell´uomo!", rief Marina, die Kellnerin des „Apulia", immer, wenn wir nach den Spielen eine Pizza einwarfen, und sie meinte mich und nicht meinen Freund Kurt. Trotzdem wollte es einfach nicht klappen. Ja, ich hatte Freundinnen, gar nicht so wenige, aber immer dann, wenn es, wie man so sagt, zur Sache gehen sollte, wurde die Situation peinlich. Mich blockierten diffuse Ängste, teils solche des Nicht-Genügen-Könnens und fehlender technischer Kenntnisse, aber nicht zuletzt auch das übertrieben romantische Gefühl, etwas so Großes wie die Liebe würde herabgewürdigt durch eine Banalität wie das Austauschen von Körpersäften. Letzteres wurde wohl auch bestärkt durch die äußerst vage Haltung meiner Eltern, besonders meines Vaters, zur Sexualität, die zwischen Frivolität, Ermutigung, Abwiegeln, Scham und Verschweigen schwankte. Wie dem auch sei, bis zu jenem denkwürdigen Augusttag im Jahre 1974, von dem noch die

Rede sein wird, hatte jeder Versuch, mit einer Frau zu schlafen, schon während des sogenannten „Vorspiels“ (war Sex wirklich eine Art Spiel?) mit heftigen Leistenschmerzen geendet, deren Ursache Kurt fachkundig als „Bräutigamskrankheit“ identifizierte und die immer wieder dazu führten, dass ich mich unter irgendeinem Vorwand zurückziehen musste.

Er selbst, ein paar Jahre älter als ich, war damals nur noch auf dem Papier an der Kölner Uni eingeschrieben. Im Wesentlichen beschränkte er sich darauf, mit seinem alten Sportwagen, einem kackbraunen Karmann-Ghia, Frauen abzuschleppen, meist gelangen diese Aktionen auch mustergültig und brachten in der Regel das gewünschte Ergebnis, von dem Kurt mir dann immer sehr detailliert berichtete („Meine Fresse, Alter, solche Augen siehste noch nicht mal beim Friseur im 'Playboy'!“ – mit „Augen“ meinte er übrigens eine ganz andere Körperregion) und mein eigenes Leid entsprechend vergrößerte. Erst, als während einer Alkoholorgie ein ehemaliger Klassenkamerad Kurts, der sich, obgleich Jura-Student, damit brüstete, große Teile des „Faust“ auswendig deklamieren zu können, das bekannte Zitat vom Ende des 2. Teils *(„Wer immer strebend sich bemüht, den können wir erlösen“)* mit einem Malerpinsel auf die Motorhaube des Karmann geschmiert hatte, gingen Kurts Erfolge deutlich zurück: Frauen, die solch ein Leitmotiv zu schätzen wussten, fanden sich eher selten. Eine von uns durchgeführte Putzaktion, die ein einziges Geschmiere zurückließ, machte das Ganze nur noch schlimmer. Für eine Neulackierung fehlte das entsprechende Kleingeld.

Ich versuchte, mich wieder auf das nun beginnende Spiel im Camp Nou zu konzentrieren. Aus den Lautsprechern dröhnte *„Barcelona"*, Freddie Mercurys pathetisches Duett mit Montserrat Caballé anlässlich der Olympischen Spiele von ´92, danach gleich *„We are the champions"* mit seiner Hausband Queen, letzteres, wie ich fand, reichlich verfrüht (schließlich drehte es sich erst um das Erreichen des Viertelfinals), aber wohl, was die Aussichten des FC Barcelona betraf, nicht ganz unrealistisch.

Kurt schwenkte seinen leeren Bierbecher in Richtung der Hostessen, wir saßen schließlich im Bereich der Wichtigen und Auserwählten. Eine von ihnen erschien eilfertig mit einem Tablett voller gefüllter Bierbecher mit dem Logo des San-Miguel-Konkurrenten Estrella. Die junge Frau trug, wie ihre Kolleginnen, eine blaue Bluse zu karmesinrotem Rock, die Barca-Farben. Sonst hatte sie, bis auf diese Uniform, so gar nichts Spanisches oder Katalanisches: kurz geschnittene blonde Haare, ein fast nordisches Gesicht und auch ihre etwas kantigen Bewegungen unterschieden sie von den anderen Hostessen, die fast tänzerisch durch die Zuschauerreihen schwebten. Während sie sich mit dem Tablett zu unseren Sitzen herunterbeugte und erstaunt zusah, wie Kurt sich gleich mehrfach bediente, konnte ich das Namensschild entziffern, das sie über der linken Brust trug. Ursula, mit einem Wellenzeichen über dem „s". Ich vermutete, dass man ihren Namen „Urschula" auszusprechen hatte, eine Osteuropäerin vielleicht und wohl doch eher nicht skandinavisch. Während Kurt dem ersten Plastikbecher zu Leibe rückte („Kannste trinken, die Plörre, Alter, bin aber froh, wenn ich zuhause wieder mein KöPi habe...“), brachten mich die Erscheinung unserer Hostess und ihr Namensschild trotz allem Lärm von Stadionhymnen, Sprechgesängen und dem aufgeregten Lamentieren der neben uns Sitzenden gleich ins Träumen. Mit halb geschlossenen Augen reiste ich 43 Jahre zurück. Aus Urschula wurde ganz plötzlich wieder Ursula (ohne Wellenzeichen), und von da war es auch nicht mehr weit bis zur Kurzform: Uschi.

Uschi! 1974. Ein Sommertag im August, Saisonbeginn im Parkstadion, das damals ganz neu war, Schalke gegen den 1. FC Kaiserslautern, ein Tag, *der* Tag, der alle Leiden der vorangegangenen Jahre beenden sollte, und das mit einem Paukenschlag.

„Sex“, so hatte mich nämlich bereits ausgerechnet ein Paukenkundiger, der Drummer Carmine Appice von der Gruppe Vanilla Fudge, auf einer meiner ersten Langspielplatten schon früh wissen lassen, *„Sex is a very beautiful thing.“* Das klang verheißungsvoll, aber mir fehlte eben bislang jegliche Möglichkeit der Überprüfung. Ich war damals gerade 15 und konnte absolut nichts zur Bestätigung der Vanilla-Fudge-Behauptung beitragen. Und ob jener eine, zudem ungeschickte und scheue Kuss auf der Klassenfete während des Klammerblues-Klassikers *„Nights in white satin“* von den Moody Blues überhaupt schon so etwas wie Sex war, zumindest eine vage Ahnung davon, blieb äußerst zweifelhaft. Und schön? Während mich mein Vater im Anschluss an die Party nach Hause chauffierte und sich dabei reichlich moralisierend über das jugendliche Treiben des Jahres 1969

ausließ, fühlte ich erstmals jenen stechenden Schmerz in den Leisten, der mir noch für eine viel zu lange Zeit lang treu bleiben sollte. Nachdem Kurt mich schon früh auf die entsprechenden Symptome hingewiesen hatte – „das passiert, wenn du zu lange einen stehen hast und nicht zum finalen Schuss kommst, tut höllisch weh“ - wusste ich in den folgenden Jahren und bei ähnlichen Gegebenheiten zumindest, worin diese zuverlässig nach jeder ähnlichen Aktion wiederauftretende Pein ihre Ursache hatte. Das machte es aber nicht besser.

Ein paar ziemlich qualvolle Jahre folgten. Ich tastete mich mit Doreen, Inge, Maria, Britta und Margret zwar immer näher an den endgültigen Beweis heran, dass es sich beim Sex wirklich, wie der Fudge-Drummer kategorisch festgestellt hatte, um eine „sehr schöne Sache“ handle, aber trotz der bekanntermaßen fast antik anmutenden Promiskuität der beginnenden 70er Jahre kam es irgendwie nie zu dem, was Kurt als „finalen Schuss“ bezeichnet hatte.

In der ersten Hälfte des Jahres 1974 fühlte ich eine zunehmende Panik. Im Grunde hätte es schon im April zu meiner längst überfälligen sexuellen Initiation kommen müssen, als mich die 15 Jahre ältere Nachbarin Alice in ihre Wohnung bugsierte und mir alles anbot, was Herz und (pardon) Schwanz so heiß begehrten, aber da kam es, sozusagen in statu nascendi, zu einem plötzlichen Anfall von Impotenz, als sich der Schlüssel in der Haustür drehte und man deutlich die Stimmen meines Vaters und von Alices Ehemann hörte, die, Vorstandskollegen in einer örtlichen Textilfirma, viel zu früh von einer dienstlichen Besprechung zurückkamen und sich Gott sei Dank so lange im Treppenhaus über Aktienkurse, Weinsorten und den wohl bevorstehenden Rücktritt von Willy Brandt verquatschten, bis ich wie in einem schlechten Hollywood-C-Picture meine Klamotten zusammengerafft hatte und aus dem Küchenfenster, Alice und ihr Mann wohnten zum Glück Parterre, in den Garten entkommen war und nach ein paar Minuten, wieder ordentlich gekleidet und gekämmt, um das Haus gelaufen kam, aufschloss und grüßend an den beiden Herren vorbeilief, nicht ohne meinem Vater Mitteilung zu machen, dass eine Vorlesung ausgefallen sei und wir doch eigentlich gleich ein Bierchen zusammen trinken könnten. Mit Alice gab es zwar einen zweiten Versuch, aber da waren wir beide so nervös und lauschten schon bei den körperlichen Präliminarien ängstlich auf irgendwelche Geräusche im Eingangsbereich. Wir beließen es bei dem, was bei mir erneut die sattsam bekannte Maladie in den Leisten auslöste. Kurt warnte: „Pass auf, dass nicht auch noch Priapismus dazu kommt." Aber da fragte ich besser nicht nach.

In den darauffolgenden Wochen war ich ziemlich abgelenkt durch Politik und Fußball. In Portugal fand die Nelken-Revolution statt, die Blumen ragten aus den Läufen der Gewehre und den Rohren der langen Panzerkanonen (ich versagte mir irgendwelche zotigen Allegorien) und das Volk tanzte auf den Straßen. Ich kaufte mir die Platte von José Afonso, dessen *„Grandola, vila morena"* das Signal zum Aufstand gegeben hatte, ein Augenblick der Freiheit, eine rote Seifenblase, die dann allerdings bald zerplatzen sollte, aber daran wollte ich fürs Erste nicht denken. Die Erfüllung, die mir im Kleinen versagt blieb, fand jetzt stellvertretend auf den Straßen von Lissabon statt, das redete ich mir jedenfalls ein. Nicht genug, während die Spanier noch ein Jahr auf den Tod Francos warten mussten, stürzte kurz darauf auch die Faschisten-Junta in Athen.

Und dann die Fußball-WM in Deutschland! Kurt und ich standen bei dem legendären Regenspiel gegen Schweden genauso auf den Rängen, wie auch ein paar Tage später im strahlenden Sonnenschein bei der Partie gegen das damals noch existente Jugoslawien, beide Male im Düsseldorfer Rheinstadion. Beim Aufeinandertreffen mit den „Balkanesen", wie Kurt sie in Erinnerung an seine Karl-May-Jahre nannte, forderten wir, zusammen mit einigen tausend Fans und beim, wie uns schien, fürs Weiterkommen sicheren Spielstand von 2:0 vom damaligen Bundestrainer Schön ab der 80. Minute lauthals und erfolgreich die Einwechselung des Lokalmatadors und Fortuna-Spielers „Didi" Herzog. Dass wir ihm auf diese großzügige Weise angesichts seiner insgesamt nur fünf Nationalmannschafts-Einsätze noch einmal zehn weitere Länderspiel-Minuten verschafften, rieb ich ihm 20 Jahre später eiskalt unter die Nase, als er wegen eines „Ungenügend" seiner Tochter in der Deutscharbeit tobend in meine Lehrersprechstunde eindrang und mir an die Wäsche wollte. Nachdem ich mein Engagement für seinen ewigen Ruhm in den DFB-Annalen klargestellt hatte, wurde er handzahm, erzählte, dass er einen „fast sicheren" Ausbildungsplatz für seine Tochter als Friseurin in Aussicht habe und ließ mir am nächsten Tag eine Flasche Champagner zukommen – damals durfte man die vermutlich noch annehmen.

Es folgten, immer noch schwankte der Sommer zwischen tropischer Hitze und der Entladung gewaltiger Regenmassen, die legendäre Wasserschlacht gegen Polen in Frankfurt und dann das Endspiel in München. Als Bernd Hölzenbein in den Strafraum der Holländer flog (noch 40 Jahre später versicherte er mir bei einer Zufallsbegegnung auf der Promenade am Tegernsee, dass es sich nicht um eine Schwalbe gehandelt habe) und Paul Breitner den anschließenden Elfer total abgebrüht verwandelte, taumelten Kurt und ich, diesmal nur am Fernseher dabei, in die von seiner Mutter liebevoll gehegte, fast plantagenartige Gummibaumansammlung im Wohnzimmer und mussten dafür, zwecks Regulierung des Schadens, mit Extraschichten in unseren Semesterjobs bluten.

1974. Ein Jahr von erster Qualität, obwohl es doch erst zu zwei Dritteln herum war! Aber die eine, so tiefgehende Wunde wollte, nachdem sich die Euphorie über gestürzte Diktatoren und hochgehaltene Fußballpokale verflüchtigt hatte, sich einfach nicht schließen, und es kam der August, ein Monat, mein Lieblingsdichter Gottfried Benn hatte Recht, in dem ich mich so einsam fühlte wie nie.

Jetzt stieß Kurt mich an und reichte mir eines seiner gehorteten Estrellas. Die Mannschaften waren aufs Feld gekommen, ohrenbetäubender Jubel, als Messi und Co. sich vor der Haupttribüne ein paar Bälle zuspielten, Pfiffe für den Gegner in Blau-Weiß, gegen die die Gesänge der vielleicht vier- bis fünftausend mitgereisten Schalker keine Chance hatten. Die Aufstellungen wurden auf einem riesigen Video-Würfel eingeblendet, die des deutschen Gastes zuerst: ... Nastasic – Naldo – Stambouli – Bentaleb – Embolo - di Santo - Pjaca…, Fährmann, der Torwart, war der einzige Deutsche im ganzen Team, allerdings Ossi, Thüringer wohl, und so in Kurts Augen eher ein „Beute-Deutscher", jedenfalls weit weg von Gelsenkirchen geboren. Ich versuchte mir, immer noch der blonden Urschula hinterherschauend, die die anderen VIP-Gäste bediente und den gleichen Namen hatte und die gleichen blonden Haare wie Uschi damals im Parkstadion, die Formation vom August 1974 ins Gedächtnis zu rufen: „Krake" Nigbur, Huhse, „Tanne" Fichtel, Rüssmann, die „Schlangengurke", Helmut Kremers (sein genialer Zwilling Erwin war verletzt) in der Abwehr, Thiele, Bongartz (der „Spargeltarzan") und „Omma" Scheer im Mittelfeld, dann der Klassesturm mit dem neuen „Flankengott" Abramczik auf der linken und „Stan" Libuda, dem Einzigen, der an Jesus vorbeikam, auf der rechten Seite (frisch aus Straßburg zurück, wo man ihn zu seinem Leidwesen wegen des Bestechungsskandals geparkt hatte) und in der Mitte natürlich Klaus Fischer („der Glasbläser aus Zwiesel"), immer noch dem Torrekord Gerd Müllers auf den Fersen und jederzeit für einen Weltklasse-Fallrückzieher gut, den die Sportschau wahlweise zum Tor des Jahres oder Jahrzehnts und einmal auch des Jahrhunderts küren würde. „Alles deutsche Jungs," meinte Kurt damals zufrieden und vergaß dabei, dass der Verein kurz vor der Verpflichtung des genialen Spielmachers Branko Oblak aus Zagreb stand, mehr als zwei Ausländer pro Mannschaft waren ohnehin nicht erlaubt. Das war lange noch vor dem Bosman-Urteil, das aus dem Fußball eine Ansammlung von egoistischen Multimillionären machte, kühl rechnenden Legionären aus aller Herren Länder, unisono mit Nazi-Undercut und tätowiert vom Kopf bis zu den Füßen, denen es völlig egal war, ob sie heute in Saudi-Arabien oder morgen auf den Fidschi-Inseln spielten, solange sich nur ihr Kontostand in die entsprechende Richtung entwickelte.

Und jetzt, 43 Jahre später, erfolgte passend dazu der Anpfiff in einem Stadion, das in seiner gigantomanischen Architektur und der Dominanz geschniegelter Gastronomie, bis hin zu den mit Panzerglas bewehrten Logen der Finanz- und Geschäftswelt genau diese Entwicklung widerspiegelte. Ich kam mir zum wiederholten Mal vor wie ein Überbleibsel aus einer längst untergegangenen Epoche.

Kurt hatte sich erhoben, das war seine Art der Ehrbezeugung für die eigene Mannschaft, wurde aber gleich vom Hintermann entschieden auf seinen Sitz zurückbefördert. Mit einem sanften Druck auf seinen Oberarm hielt ich meinen Freund davon ab, sich umzudrehen und dem spanischen Edelfan eine zu verpassen. Eigentlich war Kurt die Freundlichkeit in Person, aber in manchen Situationen – dies hier schien eine solche zu werden – ging der ehemalige Bundesgrenzschützer mit Einzelkämpferausbildung, der durch Zufall in den „Schwarzen September", den jordanischen Bürgerkrieg zwischen den Truppen König Husseins und den Palästinensern hineingeraten war und, wie ich vermutete, den einen oder anderen Wüstensohn auf dem

Gewissen hatte, unvermittelt mit ihm durch. Ich prostete sowohl dem Hintermann im Blaugrana-Trikot wie auch Kurt mit dem Bierbecher zu und wünschte uns „un buen juego", ein gutes Spiel, das beruhigte beide ungemein.

Auf dem Rasen tasteten sich die Mannschaften ab, aber ich interessierte mich mehr für die benachbarten Sitzreihen, vielleicht würde ja Urschula wieder auftauchen, so wie Uschi damals aufgetaucht war, wenngleich Kurt da ein wenig nachgeholfen hatte.

Wie erwähnt, nutzte er, bevor es zu dem folgenschweren Zwischenfall mit dem Faust-Zitat kam, den Wagen, der damals schon fast Oldtimerstatus hatte und trotz einiger Roststellen noch halbwegs gut im Lack war, wenn wir nicht gerade in Sachen Fußball unterwegs waren, überwiegend dazu, junge Frauen für eine von ihm bewusst so genannte „Spritztour" zu gewinnen, bevorzugt an Sommerwochenenden, wenn er mit offenem Verdeck, lässig in den kunstlederbezogenen Fahrersitz gefläzt, im Schritttempo an den einschlägigen Kneipen vorbeifuhr. Selten blieb der Beifahrersitz leer und er ließ sich im Freundeskreis gebührend für seine jeweiligen Eroberungen feiern. Ich saß dann meistens schweigend vor meinem Bier im „Roxy" und hörte frustriert zu, wie er, unterstrichen von einschlägigen Gesten, die entsprechenden Vorzüge seiner schwarz-, blond- oder rothaarigen Co-Pilotinnen hervorhob.

Während ich im Stadion stets in bewährter Kluft, Jeans und Vereinstrikot, auftrat, war Kurt seit langem in der Nordkurve als Exot bekannt und merkwürdigerweise auch respektiert. Sein besonderer Stil bestand nämlich schon damals darin, zu allen mehr oder minder bedeutenden gesellschaftlichen Anlässen, und ein Bundesligaspiel gehörte für ihn genauso unzweifelhaft dazu wie der tägliche Frühschoppen, im Armani- oder Gucci-Anzug, seidener Krawatte und maßgefertigten italienischen Schuhen zu erscheinen. Nachdem man ihn deswegen anfänglich von den Rängen mit Spott und Häme übergossen hatte, empfanden selbst die Hardcore-Fans aber bald eine Art tiefen Respekt für ihn und schienen von seinem Auftreten, das weder Arroganz noch bourgeoisen Dünkel ausstrahlte, so beeindruckt, dass sie ihn ehrfurchtsvoll „Sir" oder „Mylord" nannten und es als eine Auszeichnung empfanden, einen wie ihn in ihren Reihen zu haben.

Und nun, für diesen Augustsamstag, dessen Ende mich in ein ganz neues Leben führen würde, hatte der „Sir" eine faustdicke Überraschung auf Lager. Bei der Verabredung fürs Schalke-Spiel am Wochenende teilte er mir nämlich lapidar mit, dass erstmals auch zwei Frauen „testweise" mit von der Partie sein würden, obwohl er ansonsten das weibliche Geschlecht als gänzlich ungeeignet zur Begleitung in ein Fußballstadion erachtete. Und so ging ich auch nicht näher auf seine Ankündigung ein, hielt sie für einen seiner oft unbedacht herausgehauenen Sprüche, bis zu meiner Überraschung tatsächlich die beiden von ihm auserkorenen Begleiterinnen zwei Stunden vor Anpfiff im „Roxy", unserer bewährten Vorglühstation, einliefen. Die eine, eine schlanke Schönheit mit langen, dunklen Haaren, stellte er mir als „Marlen, eine Kommilitonin" vor, die ihm immer die

Vorlesungsskripte vorbeibringe. Die andere sei eine entfernte, „um zehn Ecken“ locker mit ihm verwandte Großcousine, Ursula aus dem Münsterland, die aber nur auf „Uschi“ höre. Und während der „Sir“ weiter bramarbasierte – zum Beispiel, dass er, wie man sehen könne, beiden Frauen aufgetragen habe, ihre Kleidung an den Vereinsfarben Blau und Weiß auszurichten – hörte ich schon nicht mehr zu.

Uschi hatte mir nämlich die Hand gegeben – eine weiche Hand mit langgliedrigen Fingern, die Nägel weisungsgemäß blau lackiert, eine Hand, die ich schon in den ersten Momenten unserer Begegnung nicht mehr loslassen wollte.

Das Camp Nou kochte. Wie aus dem Nichts erzielte Barca das 1:0, Suarez, der Ecuadorianer mit den Mäusezähnen, hatte die Schalker Abwehr wie Slalomstangen umkurvt, Fährmann konnte dem Ball nur tatenlos hinterhersehen. Kurt winkte verächtlich ab, murmelte etwas von „Torwart-Flasche, hätte ich mit 30 Pils intus noch gehalten“, inmitten der jubelnden Zuschauer war er kaum noch auszumachen. Alles war wie erwartet gekommen, wenn er, der noch Eingefleischtere von uns beiden, ehrlich war, hatte auch er für Schalke von Anfang an keine reale Chance gesehen. „Immer die gleiche Scheiße“, hörte ich ihn fluchen. Und während unsere Mannschaft mit jetzt schon hängenden Köpfen den Mittelanstoß ausführte, hielt auch er nach Urschula Ausschau, aber aus anderen Gründen als ich, alkoholischer Nachschub war bei diesem Spielstand mehr denn je für ihn angesagt.

43 Jahre zurück, das Spiel war noch längst nicht angepfiffen worden, hatte ich schon den Torjubel auf den Lippen, einen inneren, noch lautlosen. Sir Kurt platzierte Uschi und mich im wunderbar engen Fonds des Karmann, während Marlen die Ehre hatte, vorne im Cockpit zu sitzen und den Fahrkünstler zu bewundern, der, trotz oder wegen der zuvor reichlich genossenen Biere, mit zwei Fingern, an deren einem der Siegelring mit dem Familienwappen saß, elegant zu schalten und uns sicher zum Stadion zu kutschieren wusste.

Während Uschis und mein Oberschenkel eng aneinandergepresst wurden und ich sehnlichst wünschte, dass Kurt noch die eine oder andere Kurve scharf angehen würde, konnte ich sie ganz aus der Nähe ansehen. Sie schien mir – obwohl aus einem kleinen Kaff bei Dülmen stammend – tatsächlich irgendwie skandinavisch: ein wenig burschikos und mit einem frechen Pippi-Langstrumpf-Grinsen, das aber, je länger die Fahrt dauerte, zunehmend verheißungsvoller, einladender wurde. Ihr kurzes Haar, stufig geschnitten, war stroh-, fast semmelblond, eine Farbe, die mich noch mehr an die Mädchen aus schwedischen Kinderserien der Fernseh-Frühgeschichte erinnerte. Sie war wesentlicher kleiner als die lange Marlen, aber, soweit ich das sehen konnte, schien in der, Kurts Farbenvorgabe entsprechend weißen Bluse und der enganliegenden blauen Jeans alles am rechten Platz. Ihr Grinsen schlug jedes Mal, wenn Kurt von vorne eine launige Vor-Einschätzung des Spiels gab oder schon mal einen neuen Schlachtgesang anstimmte à la „Keiner wird es wagen, Schalke je zu schlagen…“ (zur bekannten Melodie von „Kling-Glöckchen-Klingelingeling“) in ein lautes, unbekümmertes Lachen um.

Uschi arbeitete, so erzählte sie, während der Karmann den Gelsenkirchener Ruhr-Zoo, Kurts erprobten Spezial-Schleichweg, schnurstracks zwischen Elefantengehege und Affenhaus durchquerte, gar nicht weit von meinem Elternhaus entfernt, bei einem Internisten, der ihr auch gleich eine kleine Wohnung über den Praxisräumen vermietet hatte. Und dass sie 27 sei und kurz vor ihrer Abschlussprüfung zur Medizinisch-technischen Assistentin stehe. „Komisch, dass wir uns noch nie über den Weg gelaufen sind“, sagte sie. „Aber jetzt endlich“, gab ich zurück, ein etwas plumpes Kompliment, dafür gelang Kurt ein weitaus eleganteres Einparken vor dem Stadion und im Innenspiegel sah ich, dass er mir zuzwinkerte.

Urschula schien immer noch in den Stadion-Katakomben verschwunden, aber schon machte Barca das 2:0. Messi, wer sonst, immer wieder Messi, der Naldo, den heute äußerst hüftsteifen Schalker Brasilianer, mit einer einfachen Finte wie einen Kreisliga-Kicker hatte aussehen lassen. Inzwischen brachte, zu meiner Enttäuschung, eine „Katarina“, offenbar auch keine Spanierin, die nächste Runde. Urschula blieb im Gewirr der Prominenten-Logen verschollen.

In dem anderen Spiel im August ´74 zogen sich die 90 Minuten, trotz früher Schalker Führung und prompten Kaiserslauterner Ausgleichs noch vor der Pause, endlos in die Länge, endlos deshalb, weil das Parkstadion so voll war, dass Uschi immer wieder durch das hin und herwogende Publikum von mir fortgeschoben wurde und die Zeit, bis es mir gelang, ihr wieder nahe zu kommen, nicht vergehen wollte. Dann aber war ich so mutig, einen Arm um sie zu legen, „ich pass auf, dass du nicht verschütt gehst", und sie ließ es geschehen und manchmal meinte ich, dass sie sich von selbst näher an mich drücken würde. Endlos aber auch, weil es ein recht zähes Spiel von beiden Seiten war und es so schien, als hätten sich, nachdem der unvermeidliche Fischer schon in der 50. Minute die erneute Führung erzielt hatte, beide Seiten auf die Verwaltung des aktuellen Spielstands geeinigt – für den 1. Spieltag einer neuen Saison eigentlich nicht nachzuvollziehen, und entsprechend vollführten der Schalker Trainer Horvath („Horvath, lass die Löwen los!") und sein Kollege Ribbeck („der schöne Erich") am Spielfeldrand ziemliche Veitstänze. Kurt sah sich genötigt, sich näher mit den für ihn für das maue Spiel verantwortlichen Protagonisten zu befassen. Er kämpfte sich, die Gefahren für den Armani-Anzug und die feinen Schuhe missachtend – „pass bloß auf, Mylord", kam es von den Ultras – bis zum Absperrgitter zwischen Zuschauerrängen und Spielfeld durch und bedachte als erstes den sich gerade zu einem Einwurf an der Außenlinie parat machenden Lauterer Stürmer Klaus Toppmöller, der damals eine Frisur aus langen, wild wuchernden Locken im Hendrix-Style trug, mit dem aufmunternden Satz: „Hey Toppi, pass auf, dass dir dein Vogelnest nicht von der Birne fliegt, die Jungen sind noch nicht geschlüpft", woraufhin der sich umdrehte und Kurt auf gut Pfälzisch mit „Kumm, geh fort, du Dummbabbler" antwortete, bevor er den Ball weit in die Schalker Hälfte beförderte. Kurt erhielt nur verhaltenen Applaus von den Umstehenden und war offenbar selbst noch nicht zufrieden mit seinem Auftritt. „Ich stopp´ den Verrückten mal besser“, sagte Marlen und schlängelte sich zu ihm durch, während ich Uschi unter dem Vorwand, ich müsse sie vor den zunehmend unruhig werdenden Menschenmassen bewahren, weiter im Arm hielt und auf den Schlusspfiff wartete, in der ungeduldigen, fast brennenden Hoffnung, etwas Großes, noch nie Dagewesenes stünde heute noch bevor. Aber abgesehen davon, dass es Uschi offenbar in meiner Umarmung gefiel und der Zug von Ironie, der ihren Mund eben, bei Kurts Klimmzügen am Zaun, noch umspielt hatte, sich wieder in einen Gesichtsausdruck verwandelte, für den ich noch keine Worte fand, gab es dafür wenig Anhaltspunkte.

Marlen kam zu spät. Der „Sir“ war, ohne dass ihn jemand hätte aufhalten können – sie hatte vergeblich nach dem Saum seiner Anzugjacke gegriffen – auf die Spitze des Begrenzungszauns geklettert, und ehe noch die Ordner mit ihren Schäferhunden von der anderen Seite herbeieilen konnten, hatte Kurt den Hauptschuldigen für das schlechte Spiel ausgemacht, natürlich den Schiedsrichter. Es handelte sich um einen eigentlich harmlosen, eher gutmütig im Stil eines Familienvaters das Spiel leitenden Mann aus der saarländischen Kleinstadt Bliesransbach, einen gewissen Herrn Biwersi. Aber Kurt, einmal in Rage, kannte keine Verwandten mehr: „Wenn ich deinen Namen hätte“, brüllte er, „Schiedsrichter...“, er zögerte einen Moment, dann brach es umso lauter aus ihm heraus: „... P e r v e r s i, ich würde im Erdboden versinken, und dazu noch aus einem Kaff mit fünfstelliger Postleitzahl, Klein-Bliesransbach, lächerlich, dich gibt´s doch überhaupt nicht – und wo dein Auto, ein lächerlich durchgerosteter Kadett, steht, weiß ich auch, du Penner!“ Dann ließ er sich erschöpft und, wie sich später herausstellte, mit einem Riss in der Anzugshose wieder vom Gitter hinuntergleiten. Marlen schüttelte den Kopf und die harten Jungs aus der Nordkurve machten ehrfurchtsvoll Platz für den „Mylord“. „Dem hab ich´s gegeben oder?“, Kurt blickte erwartungsvoll in die Runde. Alle nickten anerkennend, einer traute sich sogar, ihm auf die Schulter zu klopfen. Fünfstellige Postleitzahlen gab es damals übrigens nicht und waren auch noch nicht in Planung. Das Spiel endete 2:1, die ersten Saisonpunkte waren eingefahren, aber irgendwie hielt sich die Freude darüber in Grenzen. Ich hatte das Spiel ohnehin eher unbeteiligt verfolgt, meine Aufmerksamkeit galt einzig und allein Uschi, die jetzt neben mir zum Parkplatz trottete und froh schien, wieder auf sicherem Terrain zu sein. Kurt, der mit Marlen vor uns lief und lauthals überlegte, ob es in unserem Städtchen noch einen Herrenschneider alter Güte für die Reparatur des klaffenden Risses in seiner Hose gäbe, hatte mit der Mitnahme der Frauen wohl doch keine so gute Idee gehabt. Ich sah, während Uschi sich mühevoll in den Fonds des Karmann quetschte, ohnehin alle Felle wegschwimmen.

Dann aber war es plötzlich ganz einfach gewesen, ich weiß bis heute nicht, warum. Irgendetwas Großes, Besonderes musste spontan vom Himmel gefallen, eine mit dem Verstand nicht zu greifende Wende eingetreten sein, aber vielleicht war ja doch schon seit Stunden zumindest für Uschi alles sehr klar. Und während ich noch irgendwo zwischen

Hoffen und Bangen herumkrebste, zeichneten sich mehr und mehr die Umrisse eines sehr weltlichen Wunders ab. Die Geschichte von der Frau, die selbst die erotische Initiative ergreift, ohne in irgendeiner Weise dazu genötigt, übergriffig betatscht oder gar hinterhältig und mit üblen Tricks von einem lüsternen Mann überrumpelt zu werden, müsste man heute mal den verbissenen Kämpferinnen von der #Me-too-Front erzählen. Aber die 70er werden ja nicht zuletzt auch von den damaligen Zeitgenossen (und wie selbstverständlich auch von den weiblichen!) für ihren sorglosen Hedonismus und gänzlich unverkrampften Libertinismus wehmütig erinnert.

Aber über solche sozialhistorischen Kriterien zerbrach ich mir nun wirklich nicht den Kopf, als Uschi nach unserer Rückkehr (während der „Sir“ mit dem Riss im Hosenbein sich noch einmal seiner Attacke auf „Schiedsrichter Perversi“ brüstete, nach der dieser angeblich kein einziges Mal mehr ein Spiel der Schalker pfeifen würde) Kurt und Marlen kategorisch beschied, zur feuchtfröhlichen Spielanalyse im „Roxy“ nicht mehr zur Verfügung zu stehen und wie nebenbei verkündete, dass das auch für mich gelte, da ich sie nach Hause begleiten würde, schließlich seien dafür ein paar hundert Meter zu bewältigen und als junge Frau „weiß man ja nie.“ Kurt, sonst um keinen Spruch verlegen, war so verblüfft, dass er mit einer Antwort zögerte, während Marlen gegenüber Uschi schon dieses verschwörerische Lächeln zwischen Frauen aufsetzte, die wesentlich elegantere Alternative zum platten männlichen Augenzwinkern. Dann begriff mein Freund, der Karmann-Ghia-Womanizer aus der

Vorstadt, endlich, schlug mir spontan so hart auf den Rücken, dass ich fast schon vorzeitig eingeknickt wäre und erteilte uns großzügig Kneipen-Absolution. Mich selbst hatte niemand nach meinen Plänen gefragt, aber das war mir jetzt mehr als recht. Und noch ehe ich darüber nachdenken konnte, ob ich Uschi für die kurze Strecke galant meinen Arm zum Unterhaken reichen oder lieber den Beschützerarm aus dem Stadion um sie legen sollte, hatte sie schon energisch meine Hand ergriffen und zog mich Richtung Arztpraxis.

Die beiden Spiele verschwimmen in der Erinnerung. Das Match im Camp Nou war bereits früh verloren, Kurt sagte jetzt gar nichts mehr, war in Passivität und Agonie versunken, wir saßen nebeneinander, müde geworden, zwei grauhaarige Fußball-Dinos, leicht adipös und mit Bandscheibenvorfall, die lustlos und nur noch rituell rauchten und tranken, Kurt mit den Gedanken vielleicht schon beim bevorstehenden Schützenfest in Westfalen, wo er seit langem lebte und den entscheidenden Schuss auf den hölzernen Vogel immer wieder weit vorbeisetzte, um nicht König zu werden („Scheißteuer, Alter"), ich nur noch oberflächlich bei der Champions-League 2017 und immer mehr und immer tiefer bei jenem Augusttag vor 43 Jahren, der meine Adoleszenz reichlich spät, aber nicht zu spät, nun doch für immer beendete. Schalke 04 gegen den 1. FC Kaiserlautern, und auch damals hatte ich mich spätestens in der zweiten Halbzeit schon nicht mehr auf das Spielgeschehen konzentriert, sondern war mit aller Aufmerksamkeit bei der, die ich mit väterlicher Geste im Arm hielt und der ich zusah, wie sie tapfer mit einem halben Liter Glückauf-Pils kämpfte.

Wie selbstverständlich hatte Uschi mir ihre Wohnungstür aufgehalten. „Bier ist im Kühlschrank“, sagte sie, „bedien´ dich, ich befreie mich nur mal eben von dieser blöden blau-weißen Uniform,“ und während sie im hinteren Teil der Wohnung verschwand, rief sie noch: „Und mach´ ein bisschen Musik, im Recorder steckt ein Mix-Tape!“ Ich entdeckte das Kofferradio auf der Fensterbank, daneben eine offene Kassettenhülle, „Die besten Hits von 1973.“ Nachdem ich die Starttaste gedrückt hatte, ging ich zum Kühlschrank und griff mir eine Flasche König-Pils. Während ich noch nach einem Öffner suchte (den Trick mit dem Einwegfeuerzeug oder dem Türschloss beherrschte ich nicht), ertönte das berühmte Bass-Intro von Klaus Voormann, dem „fünften Beatle“, zu Carly Simons *„You´re so vain“*. Das fing ja gut an! Die selbstbewusste junge Sängerin, die sich ihre Lover nach Belieben aussuchen konnte und anschließend deren Eitelkeiten genüsslich im Song vorführte und, wenn auch leicht verschlüsselt, dabei vor keinem großen Namen Halt machte, egal, ob es sich um Mick Jagger, James Taylor oder, hier vermutlich am ehesten, um Warren Beatty handelte. Ich fand den Öffner auf dem Couch-Tisch und ließ mich in die Tiefen der Ikea-Polster sinken, während mir das Herz in die Hose sank, und zwar genau an die Stelle, wo ja im nach wie vor eher unwahrscheinlichen Fall der Fälle doch in Kürze sehr spezielle Fähigkeiten gefordert sein könnten. Aber eine Frau, die Carly Simon hörte, hatte mit Sicherheit andere Interessen, als einer Zufallsbekanntschaft, zumal einer vom Fußball, die Pforten des Paradieses zu öffnen. *„You're so vain"*, ich verstand und würde nicht so eitel sein, weiter sinnlose Fantasien in diese Richtung anzustellen. Uschi zöge sich einfach nur um, entfernte den albernen blauen Nagellack und würde bestenfalls noch ein bisschen mit mir quatschen wollen, zum Beispiel über ihren verrückten entfernten Cousin. Mehr nicht. Wirklich nicht?

„Mach´ mir bitte auch eins auf", kam es aus dem anderen Zimmer. Ich rappelte mich wieder hoch und ging erneut zum Kühlschrank. Der Motown-Sound der Four Tops löste Carly Simon ab: *„Ain't no woman (like the one I got)"* – die Worte in Parenthese auf dem Einlegezettel, den wohl Uschi handschriftlich der Kassettenhülle beigefügt hatte, standen allerdings, was mich betraf, völlig zu Unrecht da: Ich „hatte" doch noch überhaupt keine Frau, und die, die ziemlich lange im Nebenzimmer blieb (war es das, in dem sie auch schlief?), erst recht noch nicht! Beim Öffnen der zweiten Flasche merkte ich, wie sehr meine Hände zitterten, alles an mir zitterte, anstatt dass wenigstens ein kleiner, wenngleich entscheidender Teil meines Körpers in einen gewissen Stabilitätszustand geriet. Nicht daran zu denken! Als ich mich wieder setzte, hörte ich das Rauschen von Wasser, offenbar konnte man das Bad vom Schlafzimmer aus erreichen. Erneut dachte ich, dass ich mir das hier alles nur einbildete, meine Erwartungen sich innerhalb der nächsten Minuten in Luft auflösen würden. Uschi hatte mich vermutlich wirklich nur zu einem Absacker-Bier eingeladen, sie wäre immer noch mit dem Wechseln der Kleidung beschäftigt (bei Frauen dauerte das halt etwas länger, eine alte Binsenweisheit), die weiße Bluse hatte im Stadion einen Kleckser Senf abbekommen (den sie wahrscheinlich gerade auswusch, deshalb die Wassergeräusche) und die Jeans war so eng, dass sie kaum Luft bekommen hatte, also etwas Bequemes vielleicht, einen Pulli, eine weiter geschnittene Hose, und mehr würde wirklich nicht sein. Eine fast perfide Erleichterung stellte sich ein, das Zittern hörte gänzlich auf. *Mehr würde nicht sein*, und die Premiere um ein weiteres Mal verschoben. Man musste sein Schicksal annehmen. Das nächste Musikstück konnte das nur noch bestätigen: Stealers Wheel, *„Stuck in the middle with you."*. Die von Gerry Rafferty gesungenen Verse (der erst fünf Jahre später, zusammen mit dem legendären Saxofon-Intro von Raf Ravenscroft, mit *„Baker Street"* die Welt erobern würde) ließen mir keinen Spielraum: *„Well I don´t know why I came here tonight / I´ve got the feeling, that something ain´t right/ I´m so scared in case I fall off my chair / And I´m wondering how I´ll get down the stairs..."*, exakt so war es. Auch *ich* wusste plötzlich nicht mehr, warum ich hergekommen war, auch *ich* fühlte sehr deutlich, dass irgendetwas nicht stimmte – und Angst, gleich vom Sofa zu fallen und die Treppe nicht mehr herunterzukommen, hatte *ich* allemal. Auch der Refrain Raffertys, den er zusammen mit dem Kollegen Joe Egan sang, beschrieb haargenau mein *eigenes* Dilemma: *„Clowns to the left of me / Jokers to the right / Here I am stuck in the middle with you"*. Ich steckte mit Uschi, die sich nun seit einer gefühlten Ewigkeit im Bad aufhielt (das Plätschern des Wassers wurde kräftiger und lauter, war der Schalke-Nachmittag so anstrengend und schweißtreibend gewesen, dass sie auch noch ausgiebig duschen musste?), jetzt schon umfassend fest, in der Mitte von irgendwas, im Stau von Gefühlen, Ängsten und äußerst vagen Erwartungen, die sich ohnehin nicht erfüllen würden. Totale Sackgasse! Und die Chance, da mit der restlichen Würde eines Sex-Anwärters, der wieder vergeblich auf den großen Durchbruch, die finale Befreiung gewartet hatte, herauszukommen, war äußerst gering. „*Teenage Wasteland*“ – nur, dass ich kein Teenager mehr war.

Ihr Bier wurde langsam warm. Vielleicht hätte ich sie darauf aufmerksam machen sollen, irgendetwas Richtung Bad rufen, das Absacker-Bier musste zumindest eine angemessene Temperatur haben. Oder doch besser ganz schnell vom Sofa verschwinden, die berühmte Fliege machen, sich klammheimlich aus der Wohnung herausschleichen, die Treppe hinunter, bevor ich das auch nicht mehr schaffte?

„Na, hast du es dir bequem gemacht?“ Die Tür war aufgegangen, Uschi, die blonde Schwedin aus dem Münsterland, stand mit dem frechen Pippi-Langstrumpf-Grinsen vom Nachmittag im Türrahmen. Mit einem großen Handtuch frottierte sie sich die nassen Haare, einige Tropfen liefen noch über ihr Gesicht, blieben auf ihren Schultern liegen, als sei ihre Haut mit einer wasserabweisenden Substanz imprägniert - aber das sind Details, die ich mir in den letzten Minuten des Spiels in Barcelona nur einbildete, zusammenfantasierte, denn damals gab es nur eines, das alles andere überlagerte und innerhalb eines Moments alle Zweifel, Mutmaßungen, Ängste der letzten Minuten mit einem – da war er wieder, Mr. Appice! - Paukenschlag wegwischte, nein, davonwirbelte, ins Nichts auflöste: Denn Uschi war nackt, splitterfasernackt. Nackt! Und bevor noch das Zittern und die Furcht vor einer Mammutaufgabe, von der ich die ganze Zeit geglaubt hatte, sie niemals bewältigen zu können, auch nur den Hauch einer Chance gehabt hätten, mit Macht und damit auch der vorhersehbaren Blamage im Gepäck zurückzukommen, vor der ich ja eben noch im Begriff zu flüchten war - hatte sie das Handtuch einfach fallen lassen, die Haare wirr und in alle Richtungen stehend, war auf mich zugekommen, hatte mich von der Couch gezogen auf den davor liegenden, damals unvermeidlichen Flokati-Teppich und dort ein Feuerwerk an Küssen gezündet, beginnend mit einem langanhaltenden, meine Mundhöhle fast leersaugenden Kuss-Ungetüm, nach dem ich dachte, dass ich jetzt eigentlich sterben könnte, dann folgten, wie bei einer Silvester-Batterie im Schnellfeuer-Modus, zahlreiche flüchtige, unvorhersehbare, solche, die sie seitlich auf meinen Lippen platzierte und auf den Wangen, hinunter bis zum Hals, zur Brust, Küsse von einer solchen Unbedingtheit, dass ihrer Wirkung selbst die aufdringlich auf unseren Körpern kratzenden Fasern aus Schafswolle nichts anhaben konnten. Und dann, nach einem kurzen Innehalten, in dem sie noch einmal zu überlegen schien, wie es weitergehen würde (denn *sie* war es ja, die hier alles entschied), ob nicht eine Rückkehr auf die Couch oder vielleicht sogar eine Verlagerung des Geschehens in ihr Bett vorzuziehen sei, verwarf Uschi alle logistischen Erwägungen und begann entschlossen damit, mich für alle Zeiten von den diffusen, aber bisher verlässlich auftretenden Leistenschmerzen (von denen sie wahrscheinlich genauso etwas ahnte, wie von meiner Unerfahrenheit und Ratlosigkeit) zu erlösen, befreite mich schnell von meinem Schalke-Trikot, das sie achtlos hinter sich warf, öffnete mit einem schnellen Griff Jeansgürtel und Reißverschluss und zog mir die Pelle mit einem Ruck von den Beinen. Während dieser Aktion schaukelten ihre Brüste über mir wie voluminöse Kirchenglocken, die den Gottesdienst, ach was, das Hochamt, feierlich einläuteten, fast meinte ich ihren dumpfen, keinen Widerspruch duldenden Klang zu hören, und, da Uschi recht breitbeinig vor mir kniete, konnte ich auch einen Blick auf das dichte, ebenfalls blonde Dreieck zwischen ihren Schenkeln werfen (sich ausgerechnet dort auf Anweisung der heutigen gnadenlosen Instagram-Exhibitionisten und silikonaufgespritzten Influencerinnen bis aufs letzte Härchen zu rasieren, war damals zum Glück kein Thema). Fieberhaft versuchte ich, alle bisherigen Petting-Erfahrungen, alle einschlägigen Filmszenen, Hochglanzfotos aus Magazinen und Billig-Aufnahmen aus Bahnhofspostillen, die Giftschrank-Texte berühmter Schriftsteller aus der zerfledderten Anthologie „Dein Leib ist mein Gedicht" und die Song-Verse von Gainsbourg und Cohen zu bündeln, um möglichst das nun Richtige und Sich-Gehörige zu tun, verbunden mit einem Stoßgebet an alle priapischen Götter - aber da hatte mich die Priesterin aus einem Dorf bei Dülmen schon sanft in die Rückenlage gezwungen, den kitzelnden Flokati unter mir und den Kopf meiner sieben Jahre älteren Einweiserin zwischen den Schenkeln, alle schwülen Fantasien, die *wet dreams* der letzten Jahre vereint in dem *einen* Mund und umspielt von der *einen* Engelszunge, und als ich fürchtete, dass gleich, nach kaum einer einzigen Minute, der allerdings längsten und schönsten meines zwanzigjährigen Lebens, schon alles unwiderruflich vorbei sein würde, entließen mich Mund und Zunge in einen Moment schmerzhafter Freiheit, und wieder wollte ich irgendetwas An-Gesehenes oder -Gelesenes tun und wieder drückte mich dieses Himmelsgeschöpf aus Fleisch und Blut zurück auf das Flokati-Bett und saß plötzlich auf mir, mit dem, was sich plötzlich und als „Geschenk von oben" oder wem auch immer als so konsistent und kurz vor dem Bersten stehend erwies, verschmolzen („verlinkt" würden die heutigen Spracharmen sagen), dann kamen, einer olympischen Kür in der Disziplin rhythmischer Gymnastik gleich, Stellungen dazu, von denen ich bisher nur raunen gehört oder schlechte Imitate in dunklen Bahnhofkinos gesehen hatte, alle Angst, alle Besorgnis verschwunden, die Befreierin auf mir, unter mir, neben mir, ein paar schon wieder verschwitzte blonde Strähnen an ihrer Stirn klebend und die Brüste jetzt mit einem gewissen Ernst dem Automatismus der Bewegungen folgend, die ein saugendes, fast schmatzendes Geräusch erzeugten, das uns beide zum Lachen brachte, und ganz selbstverständlich bestimmte sie, wie lange diese erste, für mich noch nie dagewesene Epiphanie anhalten sollte oder durfte und als sie sich, wie eine Amazone in den entscheidenden Momenten vor dem Sieg das Tempo des Kampfes verschärfend, entschieden hatte, dass das Ziel nun erreicht, das letzte Hindernis überwunden sei, sagte sie ganz leicht, ganz spielerisch und kaum hörbar, zudem mit einer Gelassenheit, die schon lange alles vom Miteinander der Geschlechtsteile wusste: A c h, k o m m! (und dieses „A c h" nahm alles Strenge, Bedeutsame und Fordernde mit einem Schlag weg, so, als wolle sie mir bedeuten, dass die nächsten Sekunden nichts Besonderes, sich vielleicht schon bald Wiederholendes sein würden, nichts, um das ich mir Sorgen machen müsste, „A c h, k o m m!" hieß nichts anderes als „Nimm es nicht so wichtig, genieß es, lass es einfach geschehen", na, sie hatte gut reden), und dann ließ sie auch schon die Zügel schleifen und es ging tatsächlich alles wie von selbst, alles, was mit dem so lässigen Imperativ des Kommens gemeint war, Spasmen lösten sich, ohne dass wir noch Einfluss darauf hatten, erzeugten eine implosive Druckwelle, Sekundenglücke und kleine Tode wechselten sich ab, ein Knäuel nicht mehr unterscheidbarer Empfindungen und dem Beschreibbaren, jedem Auffangen in Sprache längst entzogen, und Uschi, die eigentlich Ursula hieß, legte sich irgendwann an meine Seite und jetzt kam wieder so ein Kuss, der alles Zeitvergehen aufhob und erst Stunden später aufhörte, als uns der Flokati dann doch zu sehr kratzte.

Dass sie zwischendurch den Recorder ausgestellt hatte, war mir völlig entgangen. Nicht immer braucht es Musik für den glücklichen Augenblick, oft ist es die Stille, die dem Beieinandersein die zerbrechliche Gültigkeit verleiht und die Liebe in einen tiefen Schlaf begleitet - und bezeichnenderweise hatten Dave, Dee, Dozy, Beaky, Mick & Tich ja Shakespeares berühmte Zeile in diesem Sinne angezweifelt: *„If music be the food for love – than prepare for indigestion."* Und Verdauungsstörungen waren das letzte, was wir jetzt hätten gebrauchen können!

Irgendwann wurde ich dann doch wieder von einer Melodie geweckt. Ich lag auf der nun ausgezogenen Couch, die wir zum Schlafen dem Teppich aus Schafswolle vorgezogen hatten. Von dort aus konnte ich Uschi zusehen, die, nur mit einem langen T-Shirt bekleidet, das gerade mal bis zu den Oberschenkeln reichte, an der Anrichte der kleinen Küche stand und Kaffee in den Filter der Maschine füllte. Der Recorder stand jetzt neben ihr und ich hörte sie leise mitsummen. Maureen McGovern besang den „*Morning after*", den es immer geben würde, wenn man die Nacht gemeinsam bestanden hätte. Das konnte man von Uschi und mir nun wirklich behaupten: „*...and we´ll escape the darkness and won´t be searchin´ anymore.*" Der Dunkelheit entkommen, musste besonders ich jetzt nicht mehr weitersuchen. Das Lied stammte aus dem Soundtrack des Katastrophenfilms „*Die Höllenfahrt der Poseidon*". Ja, vielleicht war es eine Höllenfahrt, auf die Uschi mich in der letzten Nacht mitgenommen hatte. Aber wenn es so war, dann war sie jeder Reise in eine noch so himmlische, aber todlangweilige Idylle immer vorzuziehen. „Inner Hölle isset sowieso immer spannender," hatte Kurt schon vor Längerem festgestellt. Wenn der wüsste, wie Recht er hatte!

„Scheiße", mein Freund stieß mich an und holte mich in die Realität eines spanischen Stadions des Jahres 2017 zurück, der ecuadorianische Mausezahn hatte gerade das 3:0 gemacht, und wir wussten, dass die Champions-League-Reise auch in diesem Jahr für uns vorzeitig beendet war. Kurt wirkte auf einmal noch müder, der fast 70jährige Stratege, mit dem ich so viele Schlachten geschlagen hatte, und auch hier war wieder nichts zu holen gewesen, naja, sagte Kurt, dann halt nächstes Mal, aber ich sah, dass er nicht mehr daran glaubte. Fast abwesend winkte er noch einmal eine Hostess heran, und jetzt war es doch wieder Urschula, die mit dem letzten Tablett für heute auftauchte, Urschula, die slawische Blonde mit den kurzen Haaren und dem Wellenzeichen über dem „s“, und ich dachte an Uschi und diesen unglaublichen Sommertag 1974, und daran, dass sie schon kurz nach der Flokati-Offenbarung ihre Prüfung zur MTA gemacht und sich sofort in irgendeine Großstadt abgesetzt hatte. Weder Kurt, noch ich haben jemals wieder von ihr gehört. Aber es war Uschi, die mir gezeigt hatte, wie sich die Liebe zwischen den Leibern anfühlt, *l'amour physique est sans issue*, in dieser Nacht hatte ich die Gainsbourg-Zeile verstanden, das kurze, zwecklose Glück ihrer Gegenwart und die große Leere und Traurigkeit nachher, gegen die auch die Erinnerung machtlos ist.

Jetzt aber saßen wir beiden Alten im Camp Nou, das sich schnell leerte, 0:3 verloren, und noch in der Nacht würde unser Flieger gehen, und die Hoffnung, die sportliche, wie auch die andere, nicht mehr da sein.

Die polnische oder tschechische Urschula brachte ein letztes Bier und mit ihm endete auch die Erinnerung an Uschi aus einem Kaff bei Dülmen, die mir vor über 40 Jahren die Tür ins Leben und Lieben weit aufmachte, eine Tür, die jetzt langsam, aber sicher wieder ins Schloss fiel, der Pförtner mit dem großen Schlüsselbund war schon längst unterwegs, um dann auch noch den letzten Riegel vorzuschieben. Uschi, die blond und schön und kühl war wie eine Schwedin, und es konnte ja kein Zufall sein, dass ich vor Jahren ausgerechnet beim Besuch des Kungsträdgarden, einem Park in der Nähe des Stockholmer Königsschlosses, auf eine Aphrodite-Statue aus Stein stieß, die mich sofort an meine damalige Erlöserin denken ließ: Die Haare gegen jede antike Tradition recht kurz, das Lächeln, das auch ein spöttisches Grinsen war, alles andere als olympisch verklärt, im Gegenteil, sehr weltlich und so, als hätte sie es in diesem Augenblick nur für mich aufgesetzt. Die Statue, auf der es weder Spuren von Verwitterung, noch irgendeine organische Patina aus Moosen oder Algen gab, so, als sei die Schaumgeborene erst vor wenigen Momenten dem Meer entstiegen, und deren steinerne Nacktheit ganz natürlich und ohne jede künstliche Erstarrung schien, voller Lebendigkeit und Verheißung stand sie da im Park, die Liebesgöttin, abseits des Hauptweges, fast ein wenig versteckt und von zwei Magnoliensträuchern gesäumt, ganz so wie die Medizinisch-Technische Assistentin in spe im August des Jahres 1974 nackt zwischen zwei Türpfosten stand und mich fragte, ob ich es mir bequem gemacht hätte.

Mit Mühe konnte ich am Sockel der Statue eine verwitterte Inschrift in lateinischer Sprache entziffern: „*Bella illa*", stand da zu lesen, „*bella illa*", jene Schöne.

DER AUGENBLICK VOR DEM KUSS

„Danken Sie dem Himmel für die Augenblicke, in denen jemand in Ihren Armen vergeht und Sie in den seinen. Schon kurz davor gleichen Sie den Wolken, den Wassern, sind ein Wehen im Wind...

Später bleibt nur das harte, unbegreifliche Leben, das man uns bereitet hat, und man muss es erdulden."

(Anne Desclos im Gespräch mit Régine Deforges)

Ob ich ihn nur wegen seiner Kamera damals zu fast jeder Party eingeladen habe, fragen Sie, Schwester Monika? Nehmen Sie´s einem alten Mann nicht übel, aber das weiß ich nicht mehr so genau. Ist schließlich fast 50 Jahre her, da waren Sie – ein alter Spruch, den Sie wahrscheinlich blöd finden – noch lange nicht geplant. 70er Jahre, Schwester, das beste Jahrzehnt ever, glauben Sie´s mir! Musik, Filme, Literatur, der Fußball, der, pardon, Sex: wirklich unglaublich! Selbst die Politik gab ausnahmsweise mal Grund zur Hoffnung: mein Idol Willy Brandt war Kanzler und brachte Schwung in die verstaubte Nachkriegsrepublik. Klar, die 68er hatten alles angestoßen, aber der Willy ließ das ganze unausgegorene und theorieüberladene Revolutionsgequatsche hinter sich und setzte auf Reformen: Eherecht, Bildung, Sozialwesen, Ostpolitik...ach, ich will Sie nicht langweilen. Alles Schnee von gestern, ich weiß. Aber können Sie sich vorstellen, Monika – ich darf doch Monika sagen? – dass die SPD damals bei den Bundestagswahlen auf unglaubliche 45% der Wählerstimmen kam? Sie schütteln den Kopf? Tatsache! Das scheint angesichts der heutigen Luschen in den Regierungsämtern wie ein Märchen aus Tausendundeiner Nacht, stimmt´s?

Aber lassen wir das, Sie wollten ja wissen, wie das mit dem Fotografen und den Partys war. Sind Sie so lieb und holen mir das grüne Album aus dem kleinen Regal herüber? Ja, genau das, danke! Ich muss vorausschicken, dass ich damals – haben Sie überhaupt so viel Zeit, Monika, ich weiß doch, dass Sie ihre Taktung bei den Heimbewohnern einhalten müssen, 3 Minuten 45 pro Mann, sorry, natürlich auch per Frau? Ach, ich bin für heute der Letzte und Sie haben jetzt eigentlich schon Feierabend? Wie schön, dass Sie mir noch ein bisschen zuhören wollen, eigentlich hört mir, seit ich hier bin, niemand mehr zu.

Also gut, ich betrieb zu dieser Zeit für fünf Jahre, zwischen 1972 und ´77, das „Regina", gleich hier vorne in der Altstadt. Komischer Name, ich weiß. Aber ich sah mich gezwungen, den alten – es handelte sich um das Maskulinum des lateinischen Worts für „König"– zu ändern, als die damals unter dem gleichen Namen laufende Kneipe in der Nachbarstadt, eine Art Filiale mit dem Zusatz Römisch Zwei, durch die BILD-Zeitung in den Dreck gezogen wurde. Naja, der Staatsschutz hatte dort den Bombenbauer der sogenannten Baader-Meinhof-Bande festgenommen, einer Gruppierung, die sich selbst bedeutungsschwanger „Rote-Armee-Fraktion“ nannte und glaubte, indem sie ein paar Prominente und deren Chauffeure umlegte, ein kommunistisches Paradies herbeischießen zu können. Klar, dass die BILD nach der Verhaftung dieses – wie hieß der Kerl noch? - ach ja, Karl-Heinz-Ruhland, lebt heute als Greis angeblich immer noch im Zeugenschutz! - natürlich sofort unsere Filiale zum Terroristen-Hauptquartier ernannte. Im Normalfall damals die beste Werbung, die man sich denken konnte, trotzdem blieben merkwürdigerweise die Gäste abrupt weg und wir mussten kurz darauf dichtmachen. Der Winkeladvokat, den wir beauftragt hatten, gegen das Lügenblatt vorzugehen, präsentierte uns zwar eine fette Rechnung, kriegte ansonsten aber nichts auf die Reihe. Versuchten Sie damals mal, gegen den Springer-Konzern etwas auszurichten: völlig sinnlos. Und die Bevölkerung, die das Bombenlegen und die Attentate einiger durchgeknallter Bürgersöhnchen und Pfarrerstöchterchen bis obenhin satthatte, stand sowieso auf seiner Seite. Die Einwände einiger nachdenklicher Intellektueller, dass die zunehmend hysterischen Überwachungsmaßnahmen des Staates genau das erreichen würden, was sich die Möchtegern-Revoluzzer erhofften – nämlich, dass sich der Kapitalismus als verkappter Faschismus entpuppte – fanden höchstens beim SPIEGEL oder in der ZEIT Gehör.

Bremsen Sie mich bitte, Monika, wenn ich Ihnen mit diesem alten politischen Zeugs komme, schon meine Frau regte sich immer über meinen Erzählstil auf, von „Hölzken auf Stöcksken“ nannte sie das zurecht. Also zurück zum

Ende unserer Filialschließung. Statt des erhofften Werbeeffekts blieben schlicht und einfach die Gäste weg. Möglich, dass die gutbürgerlichen Eltern der Oberstufen-Schüler des gegenüberliegenden Gymnasiums, die unsere besten Kunden waren, ihren Sprösslingen verboten, weiter zu uns zu kommen – und deren antiautoritäres Rebellentum, auf das man vielleicht noch hätte setzen können, ließ angesichts des nahenden Abiturs ohnehin rapide nach. Möglich auch, dass wir die Macht des von uns nur verharmlosend „BLÖD-Zeitung" genannten Presseorgans immer noch unterschätzten, aber die hatte schon ganz andere Kaliber vernichtet. Mein Kompagnon jedenfalls hatte von den nicht enden wollenden Denunziationen die Schnauze so voll, dass er mich bat, ihn auszuzahlen, setzte sich anschließend nach Griechenland ab und ließ mich mit der Kneipe hier im Städtchen allein. Um weiterem Ärger aus dem Weg zu gehen, entschloss ich mich zur Umbenennung. Naja, „Regina" ist wirklich nur bedingt originell gewesen, aber meine damalige Frau hieß so und war ziemlich stolz, als ich ihr die Namensänderung vorschlug. Außerdem liebte Regina es, bei ihren häufigen Friseurbesuchen die gesamte Regenbogenpresse durchzuarbeiten, namentlich deren Teil, der sich mit allem Royalen beschäftigte, Sie verstehen, Queen Elizabeth, Friede ihrer Seele, und Co. Besonders verehrungswürdig fand meine Frau Sylvia Sommerlath, die während der Olympischen Sommerspiele 1972 in München in ihrer Eigenschaft als Chefhostess den späteren schwedischen König Carl Gustav kennenlernte und ihn kurz darauf heiratete – die klassische Aschenbrödel-Geschichte schlechthin! Also, der Schriftzug „Regina" über der Eingangstür war bei allen Zweifeln doch ganz gut gewählt, meine Frau war happy, die hiesigen Gäste nahmen es achselzuckend hin, ihnen war schon der Besuch des Bombenbastlers in der Filiale sowieso völlig wurscht gewesen und die BILD fanden sie ohnehin unisono zum Kotzen. Das vom Vorgänger als „Brandmark“ benutzte Kronensymbol konnte zudem weiterverwendet werden. Heute heißt die Kneipe nach zig Umbenennungen übrigens wieder genauso wie am Anfang, Sie kommen gleich auf dem Nachhauseweg daran vorbei. Falls Sie mal auf einen Apérol - das trinkt man doch als junge Frau heute, oder? - reingehen wollen: grüßen Sie nicht von mir, mich kennt keiner mehr.

Schwester Monika, eine äußerst hübsche und schlanke Person im grünen, leider hochgeschlossenen Kittel, die langen schwarzen Haare zu einem Pferdeschwanz zusammengebunden, hat mir also das braune, abgegriffene Lederalbum geholt und in den Schoß gelegt. Vorher hat sie die Decke von meinen Beinen genommen, obwohl ich jetzt immer sehr schnell friere, vor allem, wenn die Balkontür so wie jetzt weit offensteht (und das tut sie meistens, egal, wie das Wetter ist): Die Heimleiterin hat mir nämlich wegen meiner weitgehenden Immobilität das Privileg erteilt, auch im Zimmer rauchen zu dürfen, aber nur, wenn ständig gelüftet würde. Außerdem hätte ich das Glück, sagt die ansonsten strenge und unnahbare Frau, dass ihre Mutter damals Stammkundin bei mir gewesen sei. Die habe sie gebeten, mir diesen Wunsch (im Grunde ja einen meiner letzten) nicht abzuschlagen. Deren Mädchennamen hat sie mir eher unwillig genannt, war dann aber sichtlich enttäuscht, als ich mich nicht erinnern konnte. Ein Foto würde helfen, habe ich geantwortet, oder vielleicht mag ihre Mutter mich mal besuchen. Aber außer einem Achselzucken gab es keine Reaktion. Nur noch die Information, sie sei sehr attraktiv gewesen. Herrgott, mein Laden war jeden Tag voll von attraktiven Mädels! Wahrscheinlich traut sich die Mutter der Heimleiterin wegen ihres heutigen Aussehens nicht zu mir. Da müsste sie nun wirklich keine Berührungsängste haben: ich mit meinen fast 80 Jahren, den schneeweißen Haaren, den Krücken und dem schlaff über den Gürtel hängenden Bauch bin weiß Gott auch keine Schönheit mehr. Scheiß Alter! Der irrtümlich dem armen Blacky Fuchsberger zugeschriebene Spruch, der aber eigentlich von der Bogart-Witwe Lauren Bacall stammen soll, dass nämlich bekanntlich das Altwerden nichts für Feiglinge bzw. Weicheier sei, ist ohnehin zu harmlos. In Wirklichkeit ist alles viel schlimmer! Letztens habe ich gelesen, dass Philip Roth das Alter als „Massaker“ beschrieben hat, das trifft es wohl am besten.

Monika hat sich jetzt auf den Stuhl mir gegenüber gesetzt (meine Wohnzelle, die trotzdem die gesamte Rente plus reichlich Staatsknete auffrisst, besitzt eh nur zwei, zudem wacklige Exemplare) und wartet auf meine Erzählung. Jetzt, wo sie den Kittel ausgezogen, ihn über die Stuhllehne gelegt und die ewige, hier im Heim immer noch vom Personal geforderte Pandemie-Maske abgesetzt hat („Feierabend,“ sagt sie), sehe ich noch deutlicher, wie attraktiv sie ist, wie gut gebaut unter dem ebenfalls grünen Oberteil und der gleichfarbigen Hose, wie begehrenswert. Der fast Achtzigjährige und die schätzungsweise Mittzwanzigerin – etwas zwischen schwüler Altmännerfantasie und tiefer Melancholie.

Natürlich könnte sie, wie man so sagt, meine Enkelin sein. Leider habe ich keine Nachkommen, noch nicht einmal mehr eine Frau, Regina hat mich vor langer Zeit verlassen, sie lebt jetzt irgendwo in Norddeutschland. Bei den zahlreichen Streitgesprächen am Ende unserer Ehe hat sie immer behauptet, dass ich es gewesen sei, der keine Kinder gewollt habe. Dabei wurde sie erst ganz laut, rüttelte an meinen Schultern, bis sie mich ganz plötzlich losließ und zu weinen begann. Dass es jetzt zu spät sei, hörte ich sie stammeln, für alles. Irgendwann ging sie dann fort. Mag sein, dass sie recht hat, Kinder empfand ich in meiner Ichbezogenheit lange als nur lästig und in den ersten Lebensjahren als viel zu laut. Ich dachte immer, die Verantwortung für das Überleben der Kneipe (und damit auch für Regina und mich) sei nun wirklich genug. Auch setzte mir zunehmend der Alkohol zu, kein Wunder in dem Job. Aber das ist eine andere Story, auf die ich heute genauso wenig stolz bin wie auf meinen, irgendwann unabänderlich gewordenen Verzicht auf die Rolle eines Familienvaters. Demnächst tragen sie mich dann also hier raus aus meiner Zelle und ich bin schon vergessen, wenn sie mich unten in den schwarzen Kombi schieben. Einer unter Milliarden Namenlosen, die Asche verbuddelt unter der Wiese, wo die Anonymen liegen. Aber vorher erzähle ich Monika noch diese kleine unbedeutende Geschichte. Denn Erzählen kann bekanntlich Leben retten, jedenfalls noch für eine kleine Weile...

Im „Regina" – danke für den Aschenbecher, Monika, mögen Sie auch eine? – gab es an einem vorher bestimmten Samstagabend im Monat jeweils eine „geschlossene

Gesellschaft“, Geburtstage, Verlobungsfeiern, bestandene Abi- und Staatsprüfungen, ein Anlass fand sich immer. Meist brachten die Gäste das Essen selbst mit, der Gastraum war ziemlich klein, eine Küche gab es nicht, ich konnte mit Hilfe eines Minigrills nur mit Käse-Schinken-Toasts und Hamburgern für den kleinen Hunger dienen, zwischendurch tat es auch eine Tüte Erdnüsse. Mein Vorgänger hatte die Kneipe im Stil eines englischen Pubs eingerichtet. Ein paar Jahre und tausend durchfeierte Nächte später war das allenfalls nur noch zu erahnen. Ich hatte mir immer eine Renovierung vorgenommen, auch Regina drängte darauf, aber irgendwie kam ständig was dazwischen – und, ehrlich gesagt, Monika, die Bude lief, zumindest in den 70ern, auch so wie der Teufel. Jedenfalls, um auf Ihre Eingangsfrage zurückzukommen – sorry, ich neige nun mal mein Leben lang zu Abschweifungen – war bei fast allen dieser, wie sagt man heute: „Events“ auch Helmut dabei. Helmut, der Hel genannt werden wollte, war zum einen Stammgast, zum anderen der Einzige unter uns, der eine „richtige“ Kamera besaß, nicht zu vergleichen mit den simplen Agfa-Boxen, die einige von uns noch irgendwo herum liegen hatten und mit denen man kleine viereckige Bilder, schwarz-weiß und mit gezacktem Rand, machen konnte. Fragen Sie mal Ihre Großmutter, Monika! Sie lachen? Ah, ja, Sie erledigen das alles mit dem Smartphone, oder? Wenn mir damals einer gesagt hätte, dass man mal mit Telefonen fotografieren würde, hätte ich ihm die Heilanstalt in Grafenberg empfohlen! Jedenfalls war uns Hel technisch immer mehrere Nasenlängen voraus. Das voluminöse Teil, das er am Lederriemen vor dem Bauch trug, war absolute Extraklasse. Die damalige

Reporter-Kamera schlechthin, eine Nikon F 2, mit der übrigens auch das berühmteste Foto des Vietnamkriegs geschossen wurde, kennen Sie das, Monika? Nein? Wirklich nicht? Auf dem das kleine Mädchen, den nackten Körper schon mit Brandwunden übersät, die Scheiß-Amis setzten damals Napalm-Bomben ein, schreiend vor den Soldaten wegläuft? Oder das andere schreckliche, ebenfalls mit so einer Nikon aufgenommen, wo der Polizeichef von Saigon einen gefangenen Vietcong mit einem kleinen Revolver in die Schläfe schießt? Ach so, von Vietnam hat Ihnen der Lehrer im Leistungskurs Geschichte nix erzählt, wahrscheinlich hatte der selber keine Ahnung, alles ungebildete Schwätzer heute, bis in die Gymnasien hinein! Nein, nein, Monika ich will Ihnen Ihre Eins minus nicht klein reden, verzeihen Sie. Aber googeln Sie mal „Vietnamkrieg", vielleicht verstehen Sie ein bisschen, warum wir damals auf die Straße gegangen sind. Okay, die heutige Generation klebt sich lieber mit dem Arsch darauf fest, diese wohlstandsgepamperten Kids! Sorry, ich bin ungerecht, ich weiß, spätestens seit Sokrates schimpfen die Alten immer über die Nachfolgenden und halten ihnen vor, wie sehr sie *ihre* Werte und *ihr* politisches Erbe verschleudern wollten. Trotzdem, was da heute so rumläuft und sich als Weltretter aufspielt...

Monika lächelt, typisch alter, weißer Mann, wird sie denken und wie sehr ich den jungen Leuten, die sich mutig den Beschimpfungen, teils Schlägen von wutentbrannten Autofahrern und den nicht zimperlichen Umgang der Polizei mit ihnen aussetzen, Unrecht tue, ich fürchte schon, ich habe sie mit meiner kleinen Suada vertrieben, aber stattdessen versucht sie mich abzulenken, indem sie mir von ihren eigenen Zigaretten anbietet, die von vorhin ist im Aschenbecher verglüht, weil ich so viel geredet habe und weiß, dass mir die Zeit davonläuft (und Monika aus anderen Gründen wohl auch), wenn ich zu lange Rauch- oder Schweigepausen einlege. Rehaugen, denke ich, während sie mich ansieht, in ihrem Blick die professionelle Sorge der Pflegerin über den Zustand des Patienten und die Neugier der jungen Frau auf das, was der Alte im Rollstuhl über eine Zeit zu erzählen weiß, die längst versunken ist und nur noch dann aufscheint, wenn ihre Großmutter beim Schnaps nach dem Geburtstagskaffee Monikas Bruder bittet, eine der alten Vinyl-Platten aus dem Schrank zu kramen und den verstaubten Dual-Plattenspieler auf der Kommode anzuschmeißen (so stelle ich mir es jedenfalls vor – und es ist tatsächlich schön, sich vorzustellen, wie Monika, die Arme auf den Kaffeetisch mit den leeren Tassen, den vollgekrümelten Tellern und halbleeren Wodka-Gläsern gestützt, mit Oma und Bruder zusammen die Rolling Stones oder Pink Floyd hört). Ich muss sie beim nächsten Mal danach fragen. Aber erstmal entschuldige ich mich nochmal für meine Bosheit von eben und dafür, dass ich ständig den Faden verliere. Alles gut, sagt sie, die Beschwichtigungsformel dieser Zeit, so nichtssagend wie tröstlich. Und sie scheint es ja ernst zu meinen, bleibt auf ihrem Stuhl sitzen, steht nicht einfach auf, zieht sich weder den Kittel wieder an, noch zieht sie die elende Maske über, für den Fall, draußen begegnet sie der Heimleiterin. Wahrscheinlich will sie endlich die Geschichte mit dem Kuss hören, ich weiß schon gar nicht mehr, wie wir darauf gekommen sind, vorhin, als sie ins Zimmer kam und gefragt hat, ob ich noch etwas brauche. Jedenfalls hat sie das Recht, endlich zu erfahren, was es mit diesem ominösen Kuss auf sich hatte (und für mich immer noch hat und mir vielleicht auch noch über die kommende Nacht ohne Schlaf und voller Ängste hilft). Aber bevor ich die Albumseite mit jenem unglaublichen Foto, das mich nun schon seit Jahrzehnten begleitet, aufschlage, muss ich ihr doch noch die Vorgeschichte ganz erzählen.

Also, Monika, Hel tauchte tatsächlich regelmäßig bei den samstäglichen Feten auf, ob tatsächlich immer eingeladen oder aus reiner Gewohnheit, keine Ahnung. Irgendwie gehörte er zum Inventar. Meist stand er bei mir an der Theke, schlug mir vor, welche Platten ich auflegen sollte, zu mehr Dialog reichte es nicht, ich war mit meinen zwei Hilfskräften an solchen Abenden wirklich im vollen Einsatz, der Zapfhahn stand nicht still, damals wurde gesoffen, was das Zeug hielt, übrigens waren auch die jungen Frauen äußerst trinkfest. Mögen Sie Bier, Monika? Frankenheim-Alt sollten Sie mal probieren, ist nicht so süß wie dieses Spritz-Zeugs, ich glaube, die verkaufen das auch heute noch. Der kleine Kneipenraum war immer in nullkommanix in einen dichten Rauchnebel gehüllt, der phasenweise auch eine süßliche Duftnote enthielt, manchmal konnte ich Hel, der ja nur einen Meter von mir entfernt stand, kaum wahrnehmen, und die ansonsten geöffnete Kneipentür, durch die zumindest ein Teil der Schwaden abzog, mussten wir ab 22 Uhr schließen, der Nachbar, ein Kreisvorsitzender der NPD – sowas Ähnliches wie die AFD heute, Monika, bisschen radikaler und brauner – hing den ganzen Abend im Fenster, auf einen

Fehler von mir lauernd, das Telefon in der Hand, um die Männer vom Ordnungsamt zu alarmieren, die kamen sowieso gerne zu mir, oft auch ungerufen.

Nebenbei: Rauchen Sie auch manchmal was anderes als Zigaretten, Monika? Sie können ganz offen sein: Nein, nein, ich sag´s der Chefin nicht, und wenn Sie mal ein Piece für einen alten, kranken Mann übrighätten: Vergelt´s Gott, wie die Lederhosen sagen.

Irgendwann, meist nach zwei, drei Stunden, wenn die Feier so richtig in Schwung war, nahm Hel die Verschlusskappe vom Objektiv und richtete die Nikon eher beiläufig mal dahin, mal dorthin, so, dass die von ihm Aufgenommenen das gar nicht bemerkten und sich auf diese Weise auch nicht in irgendwelche lächerlichen Posen werfen konnten – etwas, was den guten Fotografen ausmacht, denn allein mit einer exzellenten Ausrüstung ist es bekanntlich nicht getan. Ein paar Tage später kam er dann früh am Nachmittag, wenn ich das „Regina“ gerade geöffnet hatte, und brachte einen Stapel Fotos mit, dazu eine Liste mit den Partygästen und bat mich, diese zu fragen, ob und wie viele Abzüge gewünscht seien. Die Nachfrage war immer sehr groß, inwieweit das Geschäft lukrativ für Hel war, weiß ich nicht. Ich nehme aber an, er hat seinen Schnitt gemacht und die Kundschaft war immer voll des Lobes, auch diejenige, die er in – sagen wir – etwas „intimeren“ Momenten erwischt hatte. Nein, Monika, keine solch vermeintliche Intimität, wie sie diese albernen Instagram-Poser heute vermitteln wollen, so aufdringlich wie falsch und vulgär. Ich dagegen meine

Momente einer gewissen Zärtlichkeit, vielleicht einer sich anbahnenden Umarmung, des Flüsterns in ein Ohr, nachdem man die darüberliegenden Haare mit einer leichten Bewegung zurückgeschoben hat. Sowas meine ich, Monika, nichts Anstößiges, nichts Obszönes. Hel, von dem ich bis heute nicht weiß, ob er damals selbst eine Freundin hatte (jedenfalls kam er immer allein), besaß ein Gespür für solche Momente der Annäherung zwischen Mann und Frau, der Verheißung, dass ein solcher Abend nicht mit dem Aufstehen und Verlassen des „Regina" beendet sein würde, der Intuition, dass etwas Tiefgehendes, Bedeutsames in diesen Gesten liegen könnte, ein noch unausgesprochenes Begehren, ein Versprechen auf Liebe.

Offenbar, fragt Monika, so hätte ich es jedenfalls angedeutet, habe Hel auch Menschen fotografiert, die sich küssten und zeigt erwartungsvoll auf das immer noch geschlossene Album auf meinen Knien. Fast, sage ich. Fast? Wie kann man sich denn nur fast küssen, fragt sie, meinen Sie so etwas wie einen unschuldigen Wangen- oder Lippenkuss? Nein, antworte ich, es geht nicht um den Kuss als solchen, sondern um seine Entstehung, das Noch-nicht, das Erwartungsvolle, das vielleicht beglückender ist als der Vollzug selbst. Sie schüttelt den Kopf, verstehe ich nicht. Ich zeige Ihnen, was ich meine, Monika, sage ich, aber wären Sie so nett, vorher mal kurz an mein Geheimfach zu gehen?

Monika steht auf, sie weiß Bescheid und ist die Einzige, der ich mich anvertraut habe. Zwar hat mir die Heimleiterin erlaubt, im Zimmer zu rauchen, aber ansonsten ist alles, was mir einst Freude bereitet hat, untersagt: striktes Alkoholverbot, Drogen sowieso (die Diazepam gegen meine ständige Unruhe und die Opioide gegen die starken Gliederschmerzen lässt mir der Sohn eines befreundeten Apothekers immer in einer Aspirin-Packung zukommen), keine lautstarken HiFi-Anlagen (nur ein albernes Kofferradio), Fernsehen ausschließlich im Gemeinschaftsraum (wo es letztens fast zu einer Prügelei zwischen mir und einem anderen Rollstuhl-Insassen gekommen wäre - es ging darum, ob ein Spiel von Schalke oder von Dortmund angeschaut würde, ein Schlag meiner Krücke auf seine Rückenlehne überzeugte ihn von der Schalke-Partie), Sex wird gänzlich totgeschwiegen (ich wüsste auch nicht mit wem und wie, aber zumindest die Vorstellung will ich mir bewahren). Von den zwei, drei eigenen Möbelstücken, die ich mit hierhinbringen durfte, ist das Wichtigste ein alter Sekretär meines Vaters, den er Mitte des vorigen Jahrhunderts auf irgendeiner Antikmesse erstanden hatte. Wenn man die Schreibfläche herausklappt, wird eigentlich nur die Rückwand sichtbar. Der Kniff aber besteht darin, diese ganz leicht anzutippen und mit der Kraft einer Metallfeder öffnet sich dann ein Hohlraum, einst wohl für geheime Papiere gedacht. Monika kennt den Trick und holt eine halb angebrochene Flasche Scotch heraus und ein zweites Zahnputzglas, das sie mir letztens besorgt hat. Ich sage, sie solle auch das andere aus dem Bad holen, aber sie lehnt dankend ab, zu früh, sagt sie. Dafür schüttet sie die für sie vorgesehene Menge Johnny Walker gleich mit in mein Glas. Ich proste ihr zu, trinke, das Zeug brennt in der Speiseröhre (mein chronischer Reflux), verschafft mir dann aber ein Gefühl, als sei ich wieder der

Chef des „Regina", jung, wild, ungestüm, voll von Leben und bereit zu allem. Stattdessen sitze ich hier der schönen Schwester gegenüber, ein nasser Sack, der in tausend Jahren keinen mehr hochkriegen würde und muss ihr erklären, was es mit der Entstehung des Kusses auf sich hat, warum eigentlich? Aber der zweite tiefe Schluck schickt mich weit zurück, entfacht das Feuer jenes Februarabends aufs Neue, auch wenn ich damals nur der Beobachter der Szene war.

Ich stelle das Glas ab, beginne zu blättern, bewusst langsam, ich weiß, dass die betreffende Seite ziemlich weit hinten ist. Aus den Augenwinkeln sehe ich Monikas Erstaunen: die überwiegende Anzahl der Motive stammt aus der Kneipe, viele junge Frauen sind auf den Fotos zu sehen, zwischendurch männliche Trinkrituale, hier und da auch Bilder von den legendären Fußballspielen zwischen den Abteilungen „Alkohol" und „Marihuana" (die letztere immer haushoch gewann), Schnappschüsse aus dem Schwimmbad (Mädchen mit knappen Bikinis und junge Männer im Mini-Badeslip), jetzt wird auch sie sicher denken, an was für einen halbtoten Lüstling sie da ihre kostbare Freizeit vergeudet, oder ist sie sogar, wenn sie an ihre eigenen Partyrituale im Hip-Hop-Gestampfe denkt, die weder Kommunikation, noch Flirts zulassen, ein wenig neidisch?

Jetzt habe ich die Seite gefunden, Monika. Hier, sehen Sie selbst, das ist, wie ich finde, eines von Hels gelungensten Bilder. Was habe ich darunter gekritzelt? Ah ja, Februar 75, mehr steht da nicht, irgendein Geburtstag von irgendwem, ein 25. oder 27. vielleicht, ich weiß nicht mehr. Meine schöne Pflegerin nimmt das Album zu sich herüber, sie sitzt jetzt ganz nah bei mir. Monika hält es Richtung Balkontür, das Tageslicht wird immer schwächer und keiner von uns beiden hat Lust, die Deckenleuchte anzuschalten, die ein kaltes Krankenhauslicht verbreitet, manchmal denke ich, solche Neonröhren hängen auch im Leichenschauhaus.

Monika betrachtet das Bild sehr lange. Aber anstatt etwas zu dem Zauber des Augenblicks zu sagen, den Hel für die Ewigkeit (oder sagen wir, bis das Album in dem orangefarbenen Container landet, den die Heimleiterin ordern wird, wenn mein Zimmer frei ist für den nächsten Sträfling) festgehalten hat, fragt sie, wer die beiden auf dem Bild seien. Das enttäuscht mich etwas, ich hatte gehofft, dass diese Nebensächlichkeit keine Rolle spielen würde. Immer wieder vergesse ich, dass den Jungen heute nichts mehr von Ästhetik und Philosophie nahegebracht wird. Ihre Gegenwart sind die sprachverstümmelten Kurznachrichten und die Flut von unbedeutenden, nichtssagenden, zum baldigen Löschen verurteilten Momentaufnahmen (wobei der Moment selbst im Grunde keine Rolle spielt und auch nicht „festgehalten" werden soll, sondern nur als Beleg gilt, bei irgendetwas Unwichtigem dabei gewesen zu sein, einer billigen Kopie von Leben, einer bloßen Behauptung).

Ich seufze tief, Monika missversteht das als Aufforderung nachzuschenken. Danach ist nur noch ein Bodensatz in der Flasche. Ob der Apothekersohn mir auch solcherlei Nachschub besorgen kann?

Der junge Mann auf dem Bild, dessen Gesicht Sie kaum sehen können, Monika, weil er den Kopf nach links geneigt hat und dessen Vollbart man ein wenig erahnen kann, war ebenfalls Stammgast bei mir. Offengestanden kann ich mich nicht mehr recht an seinen Vornamen erinnern, Gottfried vielleicht oder Gerhard, Sie lachen, aber so nannte man auch die nach dem Krieg Geborenen immer noch. Egal, dafür weiß ich noch seine beiden Spitznamen, Nicknames sagt man heute, oder? Einige nannten ihn „Strogoff", weil er mal für ein paar Sekunden als Komparse in der Fernsehserie „Michael Strogoff – Kurier des Zaren" mitgespielt hatte. Die Dreharbeiten fanden im Sommer zuvor in Polen statt (er machte als Gaststudent an der Uni Krakau gerade ein paar Tage Urlaub in Masuren und war zufällig von der Filmcrew gecastet worden, weil er wohl ganz gut reiten konnte und auch – schauen Sie sich das Foto an – recht passabel aussah und irgendwie in das Russland des 19. Jahrhunderts passte). Komisch, dass ich mich daran erinnere, aber der Typ hatte wirklich was. Stundenlang konnte er berichten von seinem damaligen Idol Raimund Harmstorf, der den Kurier des Zaren spielte und schon zu Beginn der 70er in der Verfilmung von Jack Londons „Seewolf" geglänzt hatte. Fragen Sie mal Ihre Großmutter, Monika, die erinnert sich bestimmt noch an die Szene, wie Harmstorf eine rohe Kartoffel mit der bloßen Hand zerquetscht, obwohl später herauskam, dass sie leicht vorgekocht war. Trotz seiner angeblich guten Bekanntschaft mit dem berühmten Schauspieler wurden es für „Strogoff", wie gesagt, dann doch nur wenige Momente, in denen ihn man während der Fernsehausstrahlung bewundern konnte, aber den Spitznamen hatte er weg. Andere aus der damaligen Clique sprachen ihn gerne als „Herr Oberförster“ an. Warum? „Strogoff“ hatte damals anscheinend eine Vorliebe für Braun- und Grüntöne. In einer Zeit, wo es für junge Männer wirklich verpönt war, etwas anderes als Jeans und T-Shirt zu tragen, egal, zu welcher Jahreszeit und bei welchem Wetter (okay, im Winter wurde ein Bundeswehrparka übergeworfen, mit dem man alles Militärische ironisieren wollte) – erschien „Strogoff“ zum sonntäglichen Frühschoppen meist in einem braunen Cord-Anzug, grünem Hemd und passender Krawatte, die Entstehung seines zweiten Nicknames lag da irgendwie nahe. Und auch, wenn das Bild hier in Schwarz-Weiß ist (Hel machte nie Farbaufnahmen), kann man sich doch durchaus vorstellen, dass der Rollkragenpullover, den er an diesem Abend trägt, ebenfalls grün ist, oder, Monika? Würde jedenfalls passen. Und sehen Sie da die Andeutung einer Anstecknadel auf der linken Seite des Pullis? Ich glaube, dass er die auch immer am Revers der Cordjacke trug – das berühmte ikonische Bild von Ché Guevara. Kennen Sie den Ché nicht? Ach, woher auch? Ein argentinischer Arzt, der in der kubanischen Revolution...verzeihen Sie, ich fang schon wieder an, ich verschon´ Sie lieber damit. Ein Held halt für die damalige Jugend, früher Tod, sowas kommt immer gut. Haben Sie Helden, Monika, Entschuldigung, natürlich auch Heldinnen? Greta Thunberg sitzt in Ihrem Desktophintergrund vor dem schwedischen Parlament? Naja, also gut, so ähnlich war das damals mit dem Ché, äh, natürlich wünsche ich dem schwedischen Fräulein im Gegensatz zu ihm ein langes Leben, vielleicht kommt sie ja dann auch irgendwann in der

Realität an. Fräulein sagt man auch nicht mehr? Stimmt, Monika, sorry, totally out of time.

Aber schon komisch, dass ich mich auf einmal an diese ganzen Kleinigkeiten erinnere. Mir ist, als wenn „Strogoff" ganz nah vor mir steht, nach fast 50 Jahren, irre, nicht wahr? Nur, dass ich mich nicht mehr an seinen Vornamen erinnere. Vielleicht hieß er doch Georg?

Das Erzählen, das sich selbst immer wieder unterbrechende, strengt mich an, weil ich Monika ja nicht mit alldem kommen will (und auch nicht kommen kann), was uns damals so beschäftigt hat, die tolle Musik, die verrückte Mode, die Politik (die im Gegensatz zu den heute amtierenden Dilettanten noch ein paar glaubwürdige Protagonisten hatte), der Fußball (dessen Idole sich damals nach Karriereende bestenfalls eine Lottobude zulegten), alles „natürlich" tausendmal besser als heute. Aber da müsste ich meilenweit ausholen, Stunden über Stunden vor mich hin bramarbasieren – und würde meine schöne Pflegerin, die mir jetzt immerhin noch ziemlich aufmerksam zuhört, nun wirklich ganz schnell verlieren. Also mäßige ich mich, ich will ja im Grunde nur endlich auf den Kuss kommen, beziehungsweise auf das, was das Foto zeigt, nämlich nicht den Kuss selbst, sondern das Davor.

Ich nippe ein wenig am Whisky, weiß, dass er noch so lange halten muss, bis mir eine barmherzige Seele (der Apothekersohn oder sogar Monika selbst?) eine neue Flasche besorgt. Plötzlich überfällt mich eine tiefe Melancholie angesichts des alten Fotos. Alles verweht und vorüber, auf vergilbendem Papier nur scheinbar festgehalten, eine irreführende Illusion von Gegenwart. Dagegen mein unleugbares reales Leben: letzte Meter im Rollstuhl zwischen Balkontür und Geheimfach. Aber Monika vertreibt diese Gedanken, zeigt energisch auf die zweite Person auf dem Foto: Und die Frau?

Iris, sage ich, wie aus der Pistole geschossen. Ihren Namen habe ich nicht vergessen, vielleicht weil sie so schön war, so unglaublich „tough", intelligent (sie studierte irgendwas ganz Kompliziertes), so total mondän und gleichzeitig erdverbunden, abgehobene Lady und zupackendes Ruhrpottmädel. Ihre Mutter führte ebenfalls eine Kneipe, drüben auf dem anderen Ruhr-Ufer, eine von denen, die es heute nicht mehr gibt, mit Thekenbetrieb, Hausmannskost, Musikbox und Spielautomat, die Wände gelb vom Nikotin, bei den Gästen alles dabei vom Arbeiter bis zum Fabrikdirektor, eine klassenlose Gesellschaft für ein paar Stunden um den Stammtisch herum, auf dem ein Wimpel mit dem Stadtwappen stand. Über allem thronte „Mutter Gertrud" mit ihrer uneingeschränkten Autorität – und achtete streng darauf, wer ihrer Tochter nahekommen durfte. Ich gehörte leider nicht zu den Auserwählten, Monika, obwohl auch ich unsterblich in sie verliebt war. Und ob der „Herr Oberförster" nach diesem Party-Abend in den erlauchten Kreis aufrücken durfte, habe ich vergessen. Wenn nicht, blieb ihm doch immerhin dieser Kuss oder, wie ich finde, der Augenblick davor. Iris also, die Götterbotin mit dem Regenbogensymbol. Ja, Monika, das gab es schon lange, bevor es diese Bewegung mit den vielen Großbuchstaben gab: LG... LBG...ach, das krieg ich nicht mehr hin, Sie wissen schon, Schwule, Lesben, Transen, mit ein oder zwei oder drei Geschlechtern, freie Auswahl. Der Regenbogen galt schon im Alten Testament als Zeichen der Verbindung zwischen Gott und den Menschen, in den Bauernkriegen war er auf den Fahnen der Rebellen, angeführt von Thomas Müntzer, Herrgott, ich quatsche Sie schon wieder zu, wollte nur sagen, dass der Regenbogen keine Erfindung dieser jetzigen schrillen Minderheit ist. Runzeln Sie nicht die Stirn, Monika, ich bin nicht die Bohne homophob, meine nur, dass... Vergessen Sie´s. Iris also, und ihren Namen trägt ja auch die Schwertlilie und die Regenbogenhaut im Auge, ja, so war sie, wenn Sie mir einen Ausflug ins Poetische erlauben, eine Kapselfrucht, die sich explosiv und in allen Farben entfaltete und aus ihren Augen blitzte und leuchtete es. Letzteres können Sie auf dem Bild nicht sehen, denn sie hat in Erwartung des Kusses die Lider schon geschlossen, während die von „Strogoff" noch für einen kleinen Rest geöffnet scheinen, damit er ihre Lippen auch an der richtigen Stelle trifft. Und wie finden Sie Ihre Haare, meine Liebe, eine blonde Pracht, nicht wahr, die Spitzen ein wenig nach innen onduliert, eine Dame, die ruhig und entspannt das erwartet, was gleich kommen wird.

Monika lächelt, freut sich über mein Schwärmen, oder ist das schon das Mitleid der Jungen für den alten Mann, der nichts mehr hat als ein paar vergilbende Fotos, die noch einmal Erinnerungen in seinem Kopf in Gang setzen, Erinnerungen an längst verlorene Abende und Nächte, Erinnerungen an die Liebe – *„verweht, vorbei, nie wieder"*? Sie streicht ihre eigenen Haare aus der Stirn. Seit sie vorhin den strengen, bei der Arbeit wohl unumgänglichen Pferdeschwanz gelöst hat, liegen sie weich und tiefschwarz auf ihren Schultern. Überhaupt nutze ich die Pause, in der sie, weil ich bei ihrem energischen Nachschenkversuch tapfer abgewunken habe, die fast leere Whiskyflasche wieder im Geheimfach versorgt, ihr dabei zuzusehen, mit welcher Anmut sie den Sekretär öffnet, sich leicht nach vorne beugt (die enge grüne Leinenhose, noch Teil ihrer Dienstkleidung, spannt sich dabei über den Pobacken) und die Flasche im Hohlraum verschwinden lässt, sich wieder umdreht und mit ein paar leichten, federnden Schritten zurückkommt. Ich ertappe mich wieder dabei, auf die Rundung ihrer Brüste unter der hochgeschlossenen, ebenfalls grünen Bluse zu schauen, täusche dann aber schnell einen kleinen Hustenanfall vor, in der Hoffnung, dass sie es nicht bemerkt hat. Aber als sie mir dann das eben noch als Behältnis für den verbotenen Whisky dienende Zahnputzglas mit Wasser füllt und sich über meinen Rollstuhl beugt, um es mir einzuflößen, rieche ihr Parfüm (ein dezentes, aber doch irgendwie blumiges), spüre einen kurzen Druck der Körperteile, die ich eben noch klammheimlich bewundert habe, an meinem eigenen Oberkörper und glaube, dass der Augenblick, bevor der Glasrand meinen Mund erreicht, von der gleichen – wie soll ich sagen? – „Erhabenheit“ erfüllt ist wie der, den das Foto, das Hel vor fast 50 Jahren mit der Nikon im „Regina“ geschossen hat, festgehalten hat, für immer (ach nein, ich sagte es schon, nur noch bis zu dem Zeitpunkt, wenn meine Pflegezelle von den wenigen Dingen, die einmal von mir gekündet haben, entrümpelt wird). Aber Monika setzt das Glas ein wenig zu hart auf meine Lippen, ich schaffe es nicht schnell genug, den

Mund weit genug zu öffnen, und so läuft die Flüssigkeit über Kinn und Hals auf mein altes Jeanshemd mit der aufgebügelten Rolling-Stones-Zunge, ist ja nur Wasser, sage ich, aber Monika hat schon ein Handtuch geholt, tupft mir den unteren Teil des Gesichts ab und die nassen Hemdteile um das Brustbein herum, und die ganze Zeit ist sie ganz nah bei mir und ich hoffe, die von ihr behandelten Stellen würden niemals trocknen und sie machte ewig so weiter.

Dann sitzt sie mir wieder gegenüber, entschuldigt sich für ihr kleines Missgeschick und wendet sich wieder dem Foto zu. Was denn nun so ungewöhnlich sei, dass dieser Fotograf nicht den Kuss selbst, sondern nur den unmittelbaren Moment davor erwischt habe, sicher ein Missgeschick, ein Zittern im Auslösefinger? *Erwischt*, Monika? Ich wette zehn Kästen Bier (ach, woher soll ich die nur haben, verzeihen Sie, ich wette immer noch in den alten Wirts-Kategorien), egal, ich wette meine paar Euro monatliches Taschengeld darauf, dass Hel die Tausendstelsekunde des Drucks auf den Auslöser exakt *so* für sich bestimmt hat. Er wollte nicht den Kuss, sondern genau das da (ich zeige auf das Foto)! Leider können wir ihn nicht mehr fragen, lange verschollen, vielleicht tot. Komisch, sich so einfach aus einer Geschichte zu stehlen, finden Sie nicht?

Aber warum ausgerechnet diese Sekunde? Monika versteht das nicht. Vielleicht denkt sie an ihren jetzigen Freund oder an alle die, die sie vor ihm hatte. Ging es da nicht immer nur darum, möglichst schnell die Lippen aufeinanderzupressen, das Spiel der Zungen beginnen zu lassen, während die

Hände sich schon an der Kleidung des jeweils anderen zu schaffen machten, weil es die Liebenden kaum erwarten konnten, nackt neben- oder aufeinanderzuliegen, um das zu vollenden, was sich schließlich gehörte, wenn man so unverschämt jung war, alle Kontemplation und philosophische Betrachtung, wie sie der Alte im Rollstuhl offenbar auszubreiten beginnt, erst gar nicht an sich heranzulassen, Mund auf Mund, Körper auf Körper war und ist die Parole des erotischen Wettbewerbs, mit all dem Schweiß und alle anderen ausgetauschten Flüssigkeiten zusammen definitive Belege des Vollzugs – *so* muss die Liebe sein, denkt Monika, vielleicht sehnt sie sich danach, jetzt endlich in den Feierabend zu gleiten und sich dieser Form der Liebe hinzugeben, sie hat doch schon ungleich mehr getan, als es die ihr von der Heimleitung vorgegebene Taktung des Sorgens und Kümmerns zulässt. Aber irgendetwas hält sie, der alte Kneipenwirt soll ihr jetzt wohl sagen, warum der Kuss, den die schöne Iris und der attraktive junge Mann mit den komischen Spitznamen in jener Februarnacht des Jahres 1975 getauscht haben (und man darf ja wohl annehmen, dass es in der nächsten Sekunde, nach der sich das Objektiv der Nikon wieder schloss, dazu gekommen ist), so viel weniger Gewicht haben soll als seine Anbahnung.

Ich tue mich schwer ihr das zu erklären, möchte das Gespräch jetzt am liebsten abrupt beenden, das Album zuklappen. Eine dumme Idee, es von Monika überhaupt aus dem Regal nehmen zu lassen. Habe ich wirklich erwartet, dass sie meine Faszination, die sich aus dem Schmerz über die vergangene und verlorene Zeit und der Angst vor dem Tod speist, nachvollzieht, wie gebannt an meinen Lippen hängt und so etwas wie Verständnis zeigt für das Geheimnis des vor uns liegenden Bildes? Wovon träume ich? Andererseits, wenn ich jetzt abbreche, wird sie wirklich aufstehen, mir noch einen schönen Abend wünschen und versichern, dass Schwester Irma, ihre Ablösung mit dem Kasernenhofton und der stets zur Schau gestellten Abneigung gegenüber denen, die auf ihre Hilfe angewiesen sind, bestimmt gleich hier auftauchen werde. Danach wird sie sich den Kittel über den Arm legen, in der Tür kurz innehalten und Bis morgen sagen, dann werde ich allein und diesem fürchterlichen Irma-Drachen wehrlos ausgeliefert sein. Ich kann also jetzt nicht aufhören, muss dankbar sein, dass Monika immer noch hier sitzt und mir zuhört. Wovon aber soll ich ihr erzählen? Etwa von Kairos, dem jüngsten Sohn des Zeus, der der Mythologie nach die Personifizierung des erfüllten Augenblicks war, versehen mit einer Stirnlocke, sodass die Sterblichen die günstige Gelegenheit buchstäblich beim Schopfe packen konnten? Und dass er gleichzeitig einen absolut kahlen Hinterkopf besessen haben soll, damit alle die, die den entscheidenden Augenblick, während der Jüngling an ihnen vorbeilief, verpasst hatten, ihn so nicht mehr greifen konnten? Soll ich ihr wirklich mit diesem griechischen Götterkram kommen? Oder ihr etwa von der Wette des Goethe´schen Faust mit dem Teufel berichten, die darin bestand, dass der Fürst der Finsternis den verzweifelten Doktor erst dann ganz zu sich nehmen dürfe, wenn dieser zu einem Augenblicke sagen könnte: Verweile doch, du bist so schön? Und dann hinzufügen, dass ich selbst mein ganzes Leben nur diesem einen Augenblick hinterhergejagt bin – wohl wissend, dass selbst, wenn ich ihn erhaschen würde, er nicht bleiben, die Welt weder anhalten, noch das Glück von Dauer sein würde? Dass ich die Liebe immer nur von einem heillos romantischen Standpunkt aus gesehen habe – und immer wieder aufs Neue daran gescheitert bin? Und dass ich nur deswegen jetzt allein in diesem elenden Zimmerchen sitze und bald einsam verrecken werde, ohne dass mir jemand die Hand hält, ohne dass eine Frau kommt und tröstend zu mir sagt: Ja, wir haben uns geliebt und: Ja, es gab ihn zwischen uns, diesen einen einzigen Augenblick? Was soll Monika damit anfangen in ihrem Leben, in dem zwar das Altern, die Vergänglichkeit und der Tod immerhin acht Stunden und fünf Tage in der Woche von Berufs wegen vorkommen, sie dann aber alles daran Deprimierende eine Minute nach Feierabend mit ihrem grünen Kittel abstreift und an der Pforte des Heims vorbei hinausgeht, den alten Heinrich, der dort sein Gnadenbrot fristet, grüßt, schnell ab ins Freie und Helle, wo es Küsse gibt, Umarmungen und das In-eins-Sein der Geschlechter und niemand nach der tragischen Bedeutung des Liebes-Augenblicks fragt. Ich weiß, Larmoyanz, Selbstmitleid, Beschwören des Vergangenen: das ist alles, was von mir geblieben ist.

Ich versuche es anders. Hatten Sie in der Schule das Fach Kunst, Monika? Sie lacht entschuldigend: Nur Grundkurs, die meiste Zeit habe es geheißen, macht mal irgendwas. Und Theorie? frage ich. Bedauerlicherweise habe sie nur mal was von Picasso und van Gogh gehört. Typisch heutiges Gymnasium, sage ich erneut und meine brüchig gewordene Stimme hebt sich im letzten Gestus der Empörung,

Hauptsache, keine Bildung, alles armselige Loser, die heutigen (ich male kleine Gänsefüßchen in die Luft) „Lehrkräfte" ohne jegliche Überzeugungskraft – das muss einfach mal raus, was Sokrates einst recht war, darf mir doch wohl billig sein. Monika übergeht meine Bosheit souverän. Ich bitte sie, ihr Smartphone aus der Hosentasche zu nehmen. Was das mit Iris und dem „Oberförster" zu tun habe? Sehr viel, Monika, Sie werden sehen. Geben Sie den Namen Auguste Rodin ein, Der Kuss. Nur die Bilder, keinen Text. Sie hält mir das Display hin. Ich staune, Dutzende von Fotos seiner wohl bekanntesten Skulptur, große Kopien, kleine, solche aus Terrakotta, Ton, einige aus Bronze gegossen. Ich entscheide mich für die aus pentelischem Marmor, die im Musée Rodin im 7. Pariser Arrondissement in der Rue Varenne Nr. 7 steht. Bei meinem letzten Paris-Besuch vor vielleicht 20 Jahren fiel es mir schwer, den Raum zu verlassen, in dem „Der Kuss" stand. Irgendwann zog mich Regina, es war einer unserer letzten gemeinsamen Urlaube, weiter.

Können Sie das Bild vergrößern? Monika zieht es auseinander, schaut sich die beiden Nackten in ihrer Umarmung an. Was sehen Sie? Ich fühle mich wie einer dieser gerade noch erwähnten armen Gymnasiallehrer, die, getrieben von der Schulbürokratie oder ihrem eigenen Nicht-Wissen, nichts als hilflose Fragen stellen. Aber Monika spielt mit, gibt bereitwillig Auskunft über das, was ihr an der zugegeben immer noch viel zu kleinen Darstellung auffällt, immerhin hat sie wesentlich bessere Augen als ich. Und sie formuliert ihre Eindrücke recht sensibel und klug. Ich sollte, auch, wenn es jetzt im Grunde egal ist, meine Vorurteile gegenüber der vorgeblichen Inkompetenz der jungen Generation mal deutlich revidieren. Denn Monika, die bisher im Wesentlichen nur zugehört und ab und zu einen kleinen Einwurf gemacht hat, spricht plötzlich ganz frei und wie eine Frau vom Fach, eine Museumsführerin in Paris vielleicht, davon, dass ihr in der Umarmung der beiden Nackten die Frau die Fordernde zu sein scheint: *sie* habe das rechte Bein über *seinen* Oberschenkel gelegt, *sie* sei es, die *seinen* Kopf zu sich herunterziehe, während seine rechte Hand doch recht zaghaft auf ihrer Hüfte liege. Was er mit der anderen tue, könne sie nicht recht erkennen. Schauen Sie mal, bitte ich sie, ob es in der Galerie nicht auch ein Foto von der Rückseite der Skulptur gibt. Schnell findet sie eines, der Mann scheine irgendetwas in der Hand zu haben.

Ein Buch, antworte ich und bin mir plötzlich ganz sicher, dass sie all dem, was ich eben noch mit dem Hochmut des Alters für eine heillose Überforderung gehalten habe, mühelos folgen kann. Rodins Motiv, fahre ich fort, stammt aus der „Göttlichen Komödie" von Dante Alighieri, einem berühmten Dichter des späten Mittelalters, der erstmalig nicht in Latein schrieb, sondern mit seinem Werk den Weg für das Italienische als Schriftsprache bereitete. Im Roman begibt sich Dante in die Hölle und begegnet dort Francesca da Rimini und Paolo Malatesta, einem ehebrecherischen Paar. Rodin versucht den Moment festzuhalten, in dem sich die Liebenden küssen wollen, kurz bevor sie Francescas Ehemann töten wird. Sie sehen, Monika, wieder so ein Moment, der, angesichts der Ungewissheit des darauffolgenden, so etwas wie Ewigkeit wird, hier sogar buchstäblich in Stein beziehungsweise Marmor gemeißelt. Und was das Buch betrifft, das man in Paolos Hand zu erkennen meint: zuvor haben sich die beiden aus der Artussage vorgelesen, besonders die Geschichte des tragischen Liebespaars Guinevere und Lancelot hat sie fasziniert (vielleicht kennen Sie die ja aus dem Film *„Der letzte Ritter“* mit Sean Connery, Richard Gere und Julia Ormond?), als ahnten sie, was auch ihrer Liebe in Kürze bevorstünde. Es ist übrigens aber auch nicht auszuschließen, dass Francesca Züge von Camille Claudel, der damaligen Geliebten Rodins, besitzt.

Wieder so ein Vortrag von mir, aber jetzt habe ich kein schlechtes Gewissen mehr dabei und glaube nicht, dass ich Monika damit vergraule. Sie bleibt sitzen, hört mir zu, schaut nur ab und an zur Tür und hofft wahrscheinlich, dass der Drache in Gestalt ihrer Kollegin Irma sich noch Zeit lässt. Sie hält mir die Zigarettenschachtel hin, nimmt sich selbst eine, zeigt fragend auf den Sekretär, vielleicht fürchtet sie, dass mich ohne den Rest Whisky die Kraft zum Weitererzählen verlässt.

Danke, Monika, sage ich, vielleicht gleich, zum Schluss. Es wird nicht mehr lange dauern, ich verschwende Ihre wertvolle Freizeit. Alles gut, mit der Wiederholung dieser Floskel wiegelt sie meine Zweifel ab, dabei ist doch eigentlich gar nichts mehr gut in meinem Leben. Aber das hat sie wohl anders gemeint. Jetzt aber noch das Wichtigste, sage ich, ich weiß ja, dass sie zügig zurück zum Kneipen-Foto will und sicherlich die Verbindung zwischen diesen beiden doch sehr unterschiedlichen Darstellungen schon ahnt. Das

Wichtigste? fragt sie. Sehen Sie nochmal genau hin, auch wenn Francescas Arm beider Mundpartien ziemlich verdeckt, was vermuten Sie in Bezug auf den Kuss?

Sie weiß es plötzlich, hält das Smartphone neben das Albumfoto. Auch die beiden bei Rodin, sie freut sich sichtlich über diesen kleinen Triumph des Erkennens, hätten sich noch nicht geküsst, die Lippen lägen einen kleinen Spalt auseinander, jedenfalls vermutlich, so genau könne man es zumindest auf dem Bild doch nicht sehen. Gehen wir einfach davon aus, Monika, und wenn ich mich an meinen Besuch in der Rue de Varenne richtig erinnere – man durfte dort ganz nah an die Figur herantreten – berühren sich ihre Lippen tatsächlich nicht, obwohl man als Betrachter sekündlich darauf wartet. Und wie Iris und „Strogoff“, den wir auch den „Herrn Oberförster“ nannten (warum nur will mir sein Vorname partout nicht einfallen, möglicherweise schon partielle Demenz, vielleicht ist es ja jetzt soweit, hieß er nicht doch Georg?), wissen auch die in Stein gemeißelten Francesca und Paolo im Grunde noch nicht, was sie im nächsten Augenblick, dem des Kusses, wirklich erwartet, obwohl sie es natürlich ahnen und aus anderen Erinnerungen eigentlich auch wissen. Aber dieser Kuss wird ein ganz neuer, ganz anderer sein. Nicht nur werden sich die Lippen sanft aufeinanderlegen und Francesca muss mit der Kraft ihrer Zunge letzte Widerstände Paolos überwinden – in der Vereinigung ihrer Münder liegt gleichzeitig auch schon die Vorankündigung des Todes. Möglich, dass es in ihrer Vorstellung nur der kleine Tod ist, der unweigerlich eintreten wird, wenn die Präliminarien zwischen den Mündern übergehen in die Berührung des jeweils anderen Körpers, schließlich sind sie schon nackt. Dann wird Paolo das Buch mit der Artussage fallen lassen, plötzlich voll von erotischem Mut wird er Lancelot sein, der „erste Ritter", und Francesca wird sich verwandeln in Guinevere, die Königin der Liebe und der ehebrecherischen Lust, sie werden von dem erratischen Felsblock gleiten, sich auf dem Boden wiederfinden und dann ineinander versinken, bis der petit mort, der *kleine* Tod nach der Liebe, eintritt, bei ihm explosiv und abrupt, bei ihr in langanhaltenden, immer stärker werdenden Wellen, bis auch sie schließlich weiß, dass der Augenblick vor dem Kuss seine Verheißungen zwar eingelöst hat, aber doch um ein Vielfaches wertvoller war als die Gegenwart der beiden, noch ineinander Verkrampften, die schon um die Vergeblichkeit ihrer Liebe wissen, denn nur noch wenige Schritte entfernt wartet der *große* Tod: Francescas Ehemann hat das Messer bereits gezogen.

Monika scheint beeindruckt, schweigt, spielt mit dem Feuerzeug, schaut zur Tür und wundert sich, dass der „Drache" noch immer nicht erschienen ist. Aber bei Iris und „Strogoff" sei es doch ein bisschen anders, oder? Sie wären doch sicher schon eine Zeitlang ein Paar gewesen, die Küsse alles andere als neu für sie und den Tod durch Erstechen hätten sie doch auch nicht befürchten müssen?

Ich bemerke, dass ich die ganze Geschichte chronologisch wohl anders hätte aufziehen sollen, verzeihen Sie einem alten, vergesslichen Mann, Monika, sage ich. Aber daran erinnere ich mich komischerweise doch noch: Auch, wenn ich seinen richtigen Namen nicht mehr weiß, so hat mir „Strogoff“ doch hinterher, als er Hel bei mir an der Theke traf, ihm das Foto abkaufte und sofort zwei Vergrößerungen bestellte, erzählt, dass dies sein erster Kuss mit Iris gewesen sei, dem dann in der Nacht noch viele andere gefolgt seien. Aber an den auf Hels Foto, auch wenn es ja eigentlich der Augenblick davor gewesen sei, wolle er sich – „Strogoff“ schwankte schon immer zwischen Romantizismus und etwas triefendem Pathos – sein ganzes Leben lang erinnern, mehr Glück könne nicht sein. Eine etwas gewagte Aussage mit Anfang Zwanzig, meinen Sie nicht, Monika? Und übrigens: Lebensgefahr bestand für die beiden an diesem Abend zwar nicht, aber Iris hatte, wie mir der „Herr Oberförster“ berichtete, tatsächlich einen ziemlich eifersüchtigen Freund.

Was aus den beiden geworden sei? Ich zucke die Achseln. „Strogoff“ ist, glaube ich, irgendwo in der Nähe ausgerechnet Lehrer geworden, ist damals auch noch ein paarmal (und immer allein) ins „Regina“ gekommen, dann irgendwann nicht mehr. Auch Iris war bald verschwunden. Soll einen italienischen Geschäftsmann geheiratet haben und mit ihm nach Mailand gegangen sein. Ein Gast erzählte mir, ihr, lange nach dieser Februarnacht, noch einmal im Städtchen begegnet zu sein: Da habe sie an einem kleinen Tisch im „Stadtcafé“ an der Kirchtreppe gesessen, einen Espresso getrunken und in der italienischen Ausgabe der „Vogue“ geblättert. Als sie von der Zeitung kurz aufsah, um sich eine schmale, langstielige Zigarette anzuzünden, habe sie ihn mit einem Kopfnicken gegrüßt. Irgendwie habe ich keinen Mut gehabt, sie anzusprechen, sagte mein Gast, sie wirkte so fremd und ganz fern.

Francesca und Paolo, Iris und „Strogoff" – denken Sie bei Ihrem nächsten Kuss darüber nach, Monika. Und genießen Sie vor allem den Augenblick davor. Halten Sie ihn so lange wie möglich fest, erst dann ergeben Sie sich der Liebe. Und sehen Sie zu, dass er in ihrer Erinnerung bleibt. Erzählen Sie ab und zu von ihm, lassen Sie ihn nicht zu einer Skulptur erstarren wie bei Rodin oder einem Abziehbild auf Zelluloid wie dem von Hel. Glück gibt es immer nur für diesen einen Moment, das einzige, wenn auch fragile Bollwerk gegen den Tod....In der Kirche müsste ich jetzt *Amen* sagen. Danke, dass Sie mir zugehört haben, Monika, das war *mein* kleines Glück dieses Nachmittags.

Monika schüttelt den Kopf. Sie danke *mir*, ihr nächster Kuss werde bestimmt ein ganz anderer sein. Ihr *übernächster*, verbessert sie sich, steht auf, beugt sich über den Rollstuhl und küsst mich auf die Wange, streift sie eigentlich nur kurz mit den Lippen. Ein Spontankuss – ohne dass es den Augenblick davor gegeben hätte. Und trotzdem will er mir als das Kostbarste erscheinen, das mir in dieser Todeszelle in den Monaten meines Hierseins widerfahren ist.

Bevor sie geht – Schwester Irma wird jede Sekunde hereinkommen, befürchtet sie und dreht die Handflächen entschuldigend nach außen – drückt sie noch auf den Knopf meines kleinen Transistorradios. Schon in der Tür, legt sie zwei Finger an ihre Lippen, was heißen kann, dass sie sich jetzt ganz leise aus meinem Zimmer stiehlt – oder dass sie mir noch einen zweiten Kuss herüberhaucht.

Eigentlich glaube ich nicht an Zufälle. Aber gerade hat der Moderator – bei dem einzigen auf dem kleinen Radio fest eingestellten Sender handelt es sich um eine Oldie-Station – den größten Hit der Gruppe Exile angekündigt. Ich will ihn nicht hören, nicht jetzt, bewege den Rolli Richtung Fensterbank, um das Gerät wieder abzustellen, bleibe aber mitten im Raum stehen. *„I wanna kiss you all over and over again, till the night closes in....*“, heißt es im letzten Vers, und dann noch einmal: *„...till the night closes in.*“

Tatsächlich zieht jetzt die Dunkelheit vor dem Fenster auf und kündigt die Nacht an. Und bevor ich dem Exile-Refrain nachsinnen kann und auch dem mit aller Macht aufbrechenden letzten Wunsch eines alten Mannes, den die beiden kleinen Küsse der schönen Schwester Monika, der eine zarte auf seine schlechtrasierte Wange mit den grauen Bartstoppeln und der andere mit zwei Fingern angedeutete, bei ihm ausgelöst haben, einem brennenden und doch nicht mehr erfüllbaren Wunsch – wird die Zimmertür laut aufgestoßen und der „Drache“ rollt den Wagen mit dem opulenten Abendbrot herein: Hagebuttentee, Käseschnittchen, ein zerkrümeltes Stück Streuselkuchen, übriggeblieben vom Nachmittagskaffee im Gemeinschaftsraum mit allen anderen Sterbenden.

ZU FRÜH UND ZU SPÄT

„Aber Männer sind sinkende Sterne"

(Isabelle Huppert)

„Es wäre der Mühe wert, sich niemals im Leben zu verlieben, da doch die Rückflut nach der Liebe all dieses Elend zurücklässt."

(Rafael Chirbes)

Die riesige Klimaanlage, welche die gesamte Station der Policia Municipal in Denia in eine arktische Tiefkühltruhe verwandelte, gab mir den Rest. Ich hatte mehrfach den Sitzplatz gewechselt, um den Kälteströmen zu entgehen, was mir von Seiten des spanischen Polizisten schon mehrere misstrauische Blicke eingebracht hatte. Sein Büroraum war karg eingerichtet, ein paar Aktenschränke, ein riesiger, mit Papierstapeln übersäter Schreibtisch, an dessen einer Seite er präsidierte. Vor dem Tisch stand Marion mit ihrer Tochter, die auch irgendwie meine war und dann wieder nicht, beide nur im Bikini, leichte Pareos übergeworfen, die nackten Füße in Espadrilles, was den Polizisten bei unserem Eintritt schon sichtlich überrascht hatte.

Ein Ferienwochenende im Sommer 2008. Wir waren morgens um sieben in Valencia gelandet. Den ganzen Flug über hatte ich meine verstopften Nebenhöhlen mit Nasenspray traktiert, aber mehr als ein missbilligendes „Meinst Du nicht, es reicht langsam?" war von Marion nicht gekommen. Mit Mühe hatte ich den Druckabfall bei der Landung überstanden. Am Boden erlangte ich die logistische Oberhoheit schnell zurück. Ohne Probleme bekamen wir den vorgebuchten Mietwagen, einen Opel, fast so wie der, den Marion zu Hause fuhr. Trotzdem übernahm ich das Steuer. Die 80 km entlang der Costa Blanca gelangen mir mühelos. Denia, der Ort, den ich in Erinnerung an den letzten gemeinsamen Urlaub mit meinen Eltern in den 70ern ausgewählt hatte, lag nur wenig von der Autobahn entfernt am Meer. Bei der Auswahl der Zielorte ließ mir Marion immer freie Hand, die Beschwerden bekam ich dann verlässlich ab, sobald wir dort waren.

Die Kälteströme, die die Polizeistation so unbarmherzig durchzogen, ließen mich weiterhin frösteln. Am Schreibtisch des Polizisten ging es nur in Zeitlupe weiter. Gerade war er abgetaucht und suchte irgendein Formular in der untersten Schreibtischschublade. Ich nutzte den Augenblick, um Marion um das Handtuch zu bitten, dass sie sich um die Hüfte gewickelt hatte. „Ich stehe kurz vor einer Halsentzündung", raunte ich ihr zu. „Stell Dich nicht immer so an", zischte sie zurück, während der Polizist den Kopf wieder über die Schreibtischplatte brachte.

Marion versuchte ihm mit den paar Brocken Spanisch, die sie beherrschte, die Situation zu erklären. Offenbar konnte er nicht verstehen, dass wir drei ihm ebenso viele Nachnamen servierten. Der Mann war korpulent und hatte ein rundes, fleischiges Gesicht, dessen Mitte ein breiter Schnauzbart dominierte. Die enganliegende blaue Uniform, verziert mit einer Vielzahl goldgelber Litzen und Klappen, verlieh ihm eine gewisse Bedeutsamkeit, vor allem im Kontrast zu der leicht bekleideten Marion, die den Pareo über der Brust zusammenzog, als der Polizist diese offenbar einer eingehenden Musterung unterzog. Dann zeigte er ungeduldig abwechselnd auf Marion und mich, dann auf ihre Tochter, Nadja, 13 Jahre alt. Das Kind, das kein Kind mehr war, jetzt schon hochgewachsen, die dichten pechschwarzen Haare schulterlang, die Pubertätspickel überdeckt mit einer ordentlichen Portion Kosmetika aus dem Fundus ihrer Mutter. Selbst der Lippenstift war nicht verschont geblieben. Ich wunderte mich, dass sie es für den Augenblick nur bei einem Flunsch beließ und noch nicht auf ihr vielfältiges Repertoire von Unmutsbekundungen zurückgriff.

Es dauerte ein paar Minuten, bis der Polizist verstanden hatte, dass Marion und ich nicht verheiratet waren und Nadja aus Marions erster Ehe mit einem Marokkaner (dessen vorgeblicher Exil-Grund die Verfolgung durch das dortige Königshaus war) stammte, der zugleich aber in Deutschland über ein dubioses Netzwerk verfügte. Außerdem hatte er die Stadiongaststätte eines bekannten Bundesligavereins im Handumdrehen in die Insolvenz geführt, was ihm angesichts einer solch todsicheren Einnahmequelle erstmal jemand nachmachen musste. Der Kerl bekriegte Marion schon seit Jahren vor Gericht und hatte bisher erfolgreich verhindert, dass Nadja den Namen ihrer Mutter annehmen konnte; „A-l-a-o-u-i“, buchstabierte der Mann und schien sich dabei übermenschlich anzustrengen. „Si, Alaoui“, attestierte Marion ihm auf eine solch charmante Art, wie ich sie bei ihr lange nicht wahrgenommen hatte. Das Eis zwischen ihr, der beklauten Touristin, die in ihren Strandklamotten, die kaum verbargen, was sie zu bieten hatte, vor ihm stand und ihm, dem latent unterbezahlten, wahrscheinlich zur Touristenpolizei abgeschobenen, unterer Dienstgrad, und jetzt in seiner Siesta aufgestörten Uniformträger, schien gebrochen. Eis – das passte zur weiterhin auf Höchststufe rackernden Klimaanlage, der ich am liebsten mit dem komischerweise auf dem Tisch des Polizisten herumliegenden Hammer zu Leibe gerückt wäre. Noch einmal ließ er seinen Blick wohlgefällig an Marions Körper hinuntergleiten. Seine Miene hellte sich dabei zusehends auf. Marion hatte ihn rumgekriegt.

Am Mittag hatten wir das Appartement bezogen. Marion inspizierte sofort die Gegebenheiten und schien überraschenderweise zufrieden. „Gut ausgesucht“, immerhin das erste Lob des Tages. Nadja hatte sich mit dem Asus-Notebook, einem der ersten leichtgewichtigen und kompakten Klapp-Computer, das ich ihr geschenkt und damit ein wenig Frieden erkauft hatte, auf die Terrasse verzogen. Das fing ja gar nicht so schlecht an. Ich wollte noch einen drauflegen und schlug, die Hälfte des Gepäcks noch unausgepackt im Wagen, einen sofortigen Strandgang vor. Ich hatte mich nicht verrechnet. Nadja klappte umgehend den Laptop zu. „Bläst Du mir das Krokodil auf?“ „Klar“, antwortete ich, obwohl ich die Luftpumpe irgendwo im Kofferraum vermutete. Also mit dem Mund. „Weißt Du, wo die Sonnencreme ist?“ fragte Marion, während ich das eklige Ventil des grünen Gummi-Krokodils zwischen die Lippen nahm. Ich hatte eigentlich nur an eine erste kurze Inspektion gedacht, was die beiden Damen offenbar gründlich missverstanden hatten. Es wurde das volle Programm: Klappliegen, Sonnenschirm, Öle mit verschiedenen Lichtschutzfaktoren, das inzwischen zur vollen Größe aufgeblasene Krokodil, natürlich (sinnloserweise) auch der Mini-Computer – so viel Zeugs, dass wir für die paar hundert Meter den ohnehin noch halb vollgeladenen Opel nehmen mussten. Selbst der Weg vom Parkplatz zum Strand musste zweimal bewältigt werden. Sobald das Meer vor uns lag, kippte die Stimmung. „Aha,“ sagte Marion so leise, dass es einer Bedrohung gleichkam, „jetzt ist mir klar, warum sie die Gegend hier Costa Blanca, weiße Küste nennen.“ Ironie war schon immer ihr Lieblingsfach, eine Form von Ironie allerdings, die dem Anderen nicht den Hauch einer Chance ließ. Zugegeben, die in den Vorjahren besuchten Strände auf Sylt, Mallorca oder Kreta befanden sich in einem deutlich besseren Zustand. Hier dominierten Tangschlieren, achtlos weggeworfene Papiertaschentücher und Schlimmeres. Mir war klar, dass ich kein Land mehr gewinnen konnte. Alles wie immer.

Der Polizist schmolz inzwischen vor Freundlichkeit. Er hatte Marion aus dem Automaten einen Kaffee besorgt und ihr einen Platz auf dem Stuhl vor seinem Schreibtisch angeboten, selbst Nadja konnte eine Cola abstauben. Ich kam weiterhin nicht vor. Vor Kälte und hochkommender Wut gleichermaßen zitternd, saß ich weiterhin auf dem Arme-Sünder-Bänkchen, obwohl ich doch derjenige war, der zum einen noch sämtliche eigenen Papiere besaß und logischerweise die Verhandlungen hätte führen müssen. Aber das hatte nun Marion übernommen, ich sollte vielleicht allenfalls ein paar Stichworte liefern. Plötzlich konnte der Polizist sogar ziemlich gut Deutsch: „Was ist Ihnen, liebe Señora, denn nun tatsächlich abhandengekommen?“ fragte er Marion mit einem süßlichen Ton in der Stimme. Ich schaute auf den Hammer, der nach wie vor in Reichweite lag.

Marions Ekel angesichts der Verwahrlosung, in der sich der Strand befand, verbunden mit dem Umstand, dass das grüne Krokodil, von Nadja eben zu Wasser gelassen, vom ersten Windstoß in die Luft gehoben und gleich ein paar Meter landabwärts befördert, sich nun auf dem Weg Richtung Nordafrika befand, hatten den Ausflug abrupt beendet. Der kleine Hoffnungsschimmer, gleich zu Beginn des Urlaubs zu punkten, hatte sich für mich in kürzester Zeit zerschlagen. Die beiden Damen stapften mit säuerlicher Miene vor mir her zum Parkplatz. Nadja erreichte den Opel ein paar Meter vor ihrer Mutter. Sofort schrie sie auf, ihre Stimme kippte dabei leicht ins Hysterische ab, das hatte sie bei den täglichen Fernsehstunden vor ihrem Lieblingssender RTL2 hinlänglich gelernt.

„Mama, das Auto ist kaputt," war das Nächste, was kam – natürlich hatte sie nur „Mama" gerufen, dann sahen wir die Bescherung. Ein Seitenfenster war eingeschlagen, die Splitter lagen teils auf dem Beifahrersitz, teils auf dem Boden. Marion, sonst immer stolz auf ihre Kühle und Beherrschung in allen Konfliktsituationen, geriet außer sich. „Wieso mussten wir auch das Auto für die paar Meter nehmen?" keifte sie mich an. Ich bemühte mich, ruhig zu bleiben. „Ist doch nichts passiert, nur das blöde Fenster, irgend so ein halbstarkes Arschloch. Und schau, der war nicht mal am Kofferraum, alles unversehrt." Ich zeigte ihr, dass ich alles unter Kontrolle hatte. Weit gefehlt! „Was glaubst du denn, wo die Handtasche gelegen hat?" schrie Marion und zeigte auf den Beifahrersitz. „Schlüssel, Scheckkarten, Ausweis, alles!" Aber da bemühte sie sich schon zu ihrem Grundton zurückzukehren, bloß keine Schwäche zeigen. Und schließlich gab es ja einen Verantwortlichen: mich. „Und mein Notebook ist auch weg!" Nadja heulte plötzlich hemmungslos. Der Verlust des Krokodils war zu verkraften, der des Mini-Computers, mit dessen Hilfe sie stundenlang sprachamputierte Nachrichten mit ihren Freundinnen austauschte, nahm hingegen das Ausmaß einer persönlichen Katastrophe an.

Marion hatte die Arme über ihrem Bikinioberteil verschränkt und starrte mich feindselig an, das Kind, das kein Kind mehr war, heulte, stapfte mehrfach wütend mit den Flip-Flops auf den splitterübersäten Boden und stieß ununterbrochen das Wort „Scheiße" aus, zwischendurch auch das angesagtere „Fuck".

Es reichte. Ich wusste gar nicht mehr, dass auch ich noch brüllen konnte: „Wie bescheuert muss man auch sein, die ganzen Klamotten sichtbar im Wagen liegen zu lassen? Unglaublich blöd, sowas!“ Zur Bekräftigung zog ich mein Portemonnaie aus der Jeans. „Hier, alles drin, hab´ ich natürlich mit zum Strand genommen und es nicht diesen sauberen Herrschaften als Einladung präsentiert!“

Das war es auch schon mit meinem Ausbruch. Ich hörte genauso schnell mit dem Brüllen auf, wie ich es angefangen hatte, vielleicht, weil ich mich vor mir selber erschreckt hatte. Das Kind hatte sich abgewendet und drehte mir den Rücken zu. Marion machte eine abfällige Handbewegung in meine Richtung. „Fahren wir zur Polizei.“ Sie fegte trotzig die Scherben vom Beifahrersitz und zog die Rückenlehne nach vorne. „Nadja, steig ein!“ Sie schaute mich, der ich zögerte, weil ich nicht wusste, wo es hier zur Polizei ging, mit dem Blick an, den ich nur zu gut kannte. Der Urlaub war gelaufen, eindeutig *zu früh*.

Die 14 Tage waren irgendwie vorüber gegangen. Ich hatte mich ergeben, war froh, wenn es ein bisschen Alltäglichkeit gab, gemeinsame Mahlzeiten auf dem Balkon, Schwimmen im Pool, Small-Talk. Mehr war nicht drin. Nach der ersten gemeinsamen Nacht hatte mich Marion, vorgeblich, weil ich mich ununterbrochen von einer auf die andere Seite wälzte, ins Kinderzimmer verbannt, wo ich die restlichen 12 Nächte verbrachte. Einem zwischenzeitlichen Angebot zur Rehabilitation verweigerte ich mich trotzig. Nadja nahm meinen Platz im Bett neben ihrer Mutter ein. Einmal, bei einem

Besuch des maurischen Castillo hoch über dem Hafen, setzte sich Marion neben mich auf die Festungsmauer. Ich tat so, als würde ich voller Melancholie und Bitterkeit einen Punkt am Horizont fixieren, merkte aber bei einem raschen Seitenblick, dass sie mich traurig ansah. Und als sie dabei meinen nackten Oberarm streichelte, dachte ich auf einmal, dass unserer Liebe weder irgendwelche Autoaufbrüche, noch nächtlicher Bewegungsdrang, geschweige denn die pubertären Eruptionen Nadjas irgendetwas anhaben könnten. Ich drehte mich zu ihr hin, aber da war sie schon aufgestanden und sagte, dass sie ihrer Tochter am Kiosk neben dem Burgeingang eine Cola kaufen würde.

Wir hatten, obwohl der Rückflug erst am Abend stattfand, das Appartement schon am Morgen räumen müssen, besenrein, das Übliche. Der Leih-Opel war von der Autovermietung, nachdem wir ihn, versehen mit den nötigen Dokumenten von der Policia Municipal zurückgebracht hatten, eingetauscht worden gegen einen kleineren, engen Polo. Vorher zog der schwitzende Polizist die Formalitäten so lange hin, bis er Marion mit seinen vor Lüsternheit funkelnden Augen fast vollständig ausgezogen hatte. Währenddessen besiegelte die unverdrossen Kältesalven verschießende Klimaanlage die Entstehung einer veritablen Grippe, die mich trotz der brütenden Hitze bis zum Urlaubsende nicht mehr verließ.

Also ein kleiner, mickriger Polo, zum Hohn für meine anhaltende Erschöpfung auch noch in einem knalligen, Vitalität signalisierenden Rot. Ich hatte es von jeher gehasst,

Volkswagen zu fahren, abgesehen von den Käfer-Jahren während der Studentenzeit, die waren der damaligen finanziellen Beengtheit geschuldet. Allein der Name: „Volks"-Wagen, wohl eine Erfindung aus der Nazi-Ära. Zusätzlich wies mich die Dame von Europcar darauf hin, dass eine erhebliche Selbstbeteiligung am entstandenen Schaden fällig würde. Das entsprechende Formular hatte ich gut sichtbar auf dem Beifahrersitz platziert.

„Das hätten wir uns alles ersparen können, wenn du nicht am ersten Tag sofort zum Strand gewollt hättest", kommentierte Marion, als sie das Papier bemerkte und es überflog. Ich verzichtete auf eine Antwort. „Dank deiner überragenden Gabe, den Polizisten aufzugeilen, hast du wenigstens für den nötigen Versicherungsnachweis gesorgt. Respekt.", wollte ich eigentlich zurückgeben und dachte dabei noch einmal an die Szene auf der Polizeistation, an deren Ende sie, halbnackt im Bikini, ich frierend und abgemeldet unter der Klimaanlage sitzend, noch einmal triumphierend mit dem entsprechenden Dokument in meine Richtung gewedelt hatte, wohlwissend, dass die Blicke des fetten Polizisten bis zum Ausgang auf ihrem Hintern lagen. Ich erinnerte mich an einen früheren Costa-Brava-Urlaub noch während der Franco-Ära, als ich für einen halben Tag in einer muffigen Zelle der Guardia Civil wegen nächtlicher Ruhestörung verschwunden war und Todesängste ausstand, als die Herren mit den lackierten Dreispitzen und den ewigen Sonnenbrillen, die sie wohl nur auf der Toilette abnahmen, nach ein paar Stunden die Zellentür wieder öffneten. Ich war mir sicher, dass sie mich halb tot prügeln würden, aber ich kam mit einer saftigen Geldstrafe davon. Der Typ auf der Polizeistation von Denia hätte, so dachte ich, auch gut zu dieser finsteren Truppe gepasst. Wahrscheinlich war er frustriert, dass er mich nicht so mir-nix-dir-nix einbuchten und sich dann an Marion heranmachen konnte. Stattdessen warf er mir nur einen verächtlichen Blick zu, als er Marion und Nadja die Tür aufhielt und an seine imaginäre Mütze tippte. Marion ging, Nadja energisch hinter sich herziehend, stante pede zum beschädigten Opel, ich hustend und schnupfend hinterher und noch versehen mit der Aufforderung, mein angeblich permanentes Stöhnen endlich mal einzustellen. Ich durfte sie dann zur Autovermietung chauffieren, wo man mir den Schlüssel für diesen Proleten-Polo in die Hand drückte.

Über der Bucht hing eine feuchte Dunstglocke, das Meer war nicht zu sehen. Ich trug Marions und Nadjas Koffer zum Auto. Beide hatten beschlossen, schon jetzt zum Flughafen zu fahren. Stundenlanges Herumlaufen im Ort, Einkehr in einem Café, ein letztes Foto von der Festungsmauer herab hätten aus ihrer Sicht vielleicht Sinn gemacht, wenn da so etwas wie ein leiser Abschiedsschmerz gewesen wäre, Abschied vom Meer, vom Süden, vom Sommer. Aber nichts davon. Jetzt ging es nur darum, nach Hause zu kommen.

Ich selbst hätte mich trotz des Desasters der letzten zwei Wochen dann doch noch über einen Kaffee gefreut im Schatten unterhalb des Castillos, mit Blick auf den Hafen und die dort vertäuten noblen Yachten, auf deren Decks

Paare mit ihren Kindern beim Frühstück saßen und so taten, als seien sie um ein Vielfaches glücklicher als ich. Und vielleicht hätte ja der schnauzbärtige Mann noch einmal in einer Ecke der „Buenavista-Bar“ gesessen, kaum einsehbar von den übrigen Gästen, seinen Mokka bestellt, dazu einen kleinen „103er“ in einem Ballongläschen, sich eine Ducado angesteckt, dann das blaue Notizbuch aus einem alten Leinenbeutel genommen, den an der oberen Seite zerkauten Bleistift aus der Hemdtasche gekramt, kurz auf mich geschaut, mir zugenickt wie schon beim letzten Besuch, sich dann die Brille zurechtgerückt, plötzlich sehr ernst und konzentriert zu schreiben begonnen, vertieft in die Worte und Sätze, die der Bleistift aufs Papier kritzelte. Und dann, es wäre ja noch reichlich Zeit gewesen, hätte ich, während Marion Nadja noch einmal mit hinaus nahm zu den Geschäften am Hafen, irgendetwas Letztes, Unsinniges zu kaufen, eine Erinnerung an einen Urlaub, in dem wir drei nur das Nötigste geredet hatten, einen kleinen Wein bestellt, den Schreibenden zurückgegrüßt mit einer Geste, die sagen sollte: Viel Glück, unbekannter Autor, schreiben Sie all das, zu dem ich selbst nie den Mut aufgebracht hatte, möge ein Buch daraus werden, ein Erfolg, eine Möglichkeit, Ihre Worte aus dieser Hafen-Bar hinaus in die Welt zu schicken. Ich wäre auf diese Weise getröstet gewesen, hätte langsam ausgetrunken und schon die aufgekratzten Stimmen von draußen gehört, Mutter und Tochter wären durch die Schwingtür gekommen, untergehakt, jede ein kleines Paket in der Hand, lachend und tatsächlich auch mir ein kleines Geschenk entgegenhaltend, das San-Miguel-Glas, nach dem ich seit Tagen suchte, eine Geste letztlicher Versöhnung und das Signal zum

Neuanfang, und wir hätten uns umarmt und die Wolken über diesen Urlaubstagen wären vom gleichen Wind, der jetzt über dem Hafenbecken mit einer frischen Brise aufkam und die Dunstglocke in ihre Einzelteile zerlegte, weggeweht worden. Ich hätte bezahlt, die beiden schon zum Auto vorgeschickt, und dem Schreibenden zugewinkt mit einer scheuen, kaum wahrnehmbaren Handbewegung.

Aber Marion hatte ja anders entschieden. Jahre später, als ich auf der Frankfurter Buchmesse die Lesung eines spanischen Autors besuchte, erkannte ich endlich, dass es sich bei dem Mann in der Bar-Ecke am Hafen von Denia mit seinem Mokka und den Ducados und dem kleinen „Ciento y tres" um den großen Schriftsteller Rafael Chirbes gehandelt hatte. Ich versuchte ihm, als ich hinterher den Tisch mit dem Bücherstapel erreichte, an dem er geduldig auf die Signierwünsche der Besucher wartete, diese Begegnung mit Händen und Füßen – zudem sprach er wie ich ein bisschen Französisch – in Erinnerung zu rufen, erst scheinbar vergeblich, dann aber, nachdem ich alle Verständigungsbemühungen aufgegeben hatte und die Wartenden in der Schlange hinter mir schon ungeduldig wurden, lächelte er und schrieb mit einem alten Bleistift, vielleicht demselben wie damals, langsam und bedächtig in mein Exemplar seines Buchs „Alte Freunde": „Por Jorge – un viejo amigo." Dann gab er mir die Hand.

Ich sah Marion an, wie sie abreisebereit vor dem Wagen stand, jenem lausigen Volkswagen, die Haare, leicht rötlich gefärbt, im Morgenwind, der jetzt den Dunst aus der Bucht blies, im Gesicht eine wie immer unergründliche Miene, die, egal, wie man sie deutete, doch vor allem Kühle und eine Art Unbeteiligtsein zeigte. Ich schaute auf den weißen Pulli (sie wählte bis auf die zwei-dreimal im Jahr, wenn sie sich gehen ließ und in einen fast rauschartigen Zustand verfiel, immer eine Kleidung, die zwar gängigen Standards von Chic und Mode entsprach, aber doch irgendwie asexuell wirkte), der weit genug geschnitten war, dass ihre Brüste, die sie mir so lange vorenthalten hatte, nur zu ahnen waren, aber immerhin ließ sie es zu, dass sich ihre ewigen Jeans (ich hatte sie nur einmal in all den Jahren im Hosenanzug gesehen, das war am Tag ihrer Promotion) eng um ihre Beine und ihren Po spannten, mehr wäre für sie platter Exhibitionismus gewesen. Ich hielt das Ganze eher für Prüderie. Für einen Moment stellte ich sie mir nackt vor, aber da hatte sie schon die Forderung der Autovermietung im Handschuhfach verstaut. Ich schwieg. Und fuhr los.

Marion sah sich gelangweilt die reizlose Landschaft an, die links und rechts der Autobahn vorbeiflog. Das EU-Spanien, nichts als Tomatenplantagen, deren Erträge dann der Quote wegen den Bulldozern überantwortet wurden. Nadja durchbrach die Monotonie mit einer geballten Ladung Lady Gaga. „Mach den Scheiß aus“, rief ihre Mutter nach hinten, ohne sich umzudrehen. Nadja versuchte es mit mir: „Du findest das doch gut, Georg, oder?“ – „Klar“, sagte ich, „geile Mucke“ und gab ihr die gewünschte Bestätigung. „Du verarschst mich doch nur, du mit deinen blöden Rolling Stones!“ Ich zuckte hilflos die Achseln. Egal, was ich sagte, es passte einfach nicht. Marion beendete die Debatte: „Mach endlich aus!“ Nadja entschied sich für die Kopfhörer.

In Valencia gab ich den Wagen zurück. Die anderen beiden fand ich nachher in der Abflughalle. Noch zwei Stunden monotonen Herumhängens standen bevor. Ich versuchte es mit einer Einladung in die Cafeteria und einem Gespräch über die Qualität der gummiähnlichen Baguettes. Das Kind, das kein Kind mehr war, wippte weiterhin zu den dumpfen Klängen auf seinen Kopfhörern. Marion hatte sich eine Zeitung gekauft. Seit sie sich für eine Karriere in der örtlichen CDU entschieden hatte, die ausgerechnet ich, der ich immer noch trotzig und auf verlorenem Posten zugleich die sozialistischen Ideale aus grauer Vorzeit verteidigte, ihr durch meine Kneipenbekanntschaft mit dem amtsmüden Bezirksvorsitzenden ermöglicht hatte, schimpfte sie immer laut, wenn sie las, wie die Pfarrerstochter aus der Uckermark die sozialdemokratischen Biedermänner mit irgendwelchen gesellschaftlich angesagten Projekten links überholte. Besonders die immer offensichtlicher werdende Prinzipienlosigkeit der Bundeskanzlerin, die sich Marions Meinung nach aus lauter Opportunismus einen Kehricht um die konservative Grundhaltung ihrer Partei scherte, trieben sie häufig in Anfälle kalter, mühsam zurückgenommener Wut, schreien tat sie nur in Ausnahmefällen, aber dann ging es nicht um Politik.

Marion bezeichnete sich zwar selbst immer als entschieden konservativ, in Wirklichkeit waren ihre Äußerungen aber, wenn wir nachts vor dem Haus standen, redeten und rauchten (letzteres tat sie allerdings nur selten, etwa zu Weihnachten oder Silvester oder wenn mal wieder ein Prozess gegen ihren Ex-Mann um das Besuchsrecht für Nadja gewonnen war und die Anspannung von ihr abfiel), deutlich weiter rechts angesiedelt, eigentlich erstaunlich angesichts ihrer unbestrittenen Intelligenz und Analysefähigkeit, Äußerungen, deren Inhalt sie wiederum vor dem braven Ortsvorsitzenden verbergen musste. „Aufhebung des Kopftuchverbots für Lehrerinnen, pah! - und so was muss ich auch noch öffentlich verteidigen. Jetzt erzählt sie den gleichen Mist wie deine linken Spinner, diese Bundeskanzlerinnen-Attrappe!" Ich versuchte dagegen zu halten - „Immerhin deine Parteivorsitzende!" - und verwies schwach auf Religions- und Glaubensfreiheit. „Nichts als Gutmenschen-Gequatsche", konterte sie und irgendwas von „schleichender Islamisierung." Diskussion beendet. Wir quälten uns, lesend und in die Gesichter fremder Menschen starrend, über die Restzeit bis zum Abflug. Nadja war vom Wippen zu einer merkwürdig arrhythmischen Bewegung des Kopfes übergegangen. Die zweite Cola, die ich ihr geholt hatte, nahm sie mit einem Augenaufschlag, den man mit gutem Willen als „Danke" deuten konnte, zur Kenntnis. Ich war froh, als die Lautsprecherstimme zum Boarden aufforderte.

Wir nahmen die Plätze ein. Nadja wollte ans Fenster, ich, um wenigstens ein Bein frei zu haben, zum Gang. Marion verzichtete auf Widerspruch und quetschte sich in die Mitte. Inzwischen war es früher Abend geworden, die dicht gedrängten Hochhäuser in den Vorstädten Valencias, in deren Nähe sich auch der Flughafen befand, ließen die tiefstehende Sonne nicht mehr durch. Im Flugzeug war es schon leicht dämmrig. Die Stewardess kam mit Kopfhörern. „Kaufst Du mir welche, Georg? Meine passen hier nicht", sagte Nadja. Sie nahm mich meist dann wahr, wenn es um eine Dienstleistung ging. Ich zahlte bereitwillig.

Die Triebwerke wurden angelassen, die übliche Sicherheitseinweisung, von den Vorführenden genauso wenig ernst genommen wie vom zahlenden Publikum, das Anlegen der Gurte, „Ready for take off". „Vergiss dein Nasenspray nicht", sagte Marion zu mir und diesmal war ich mir nicht ganz sicher, ob sie es gewohnt spöttisch meinte oder ob nicht sogar so etwas wie Sorge herauszuhören war. Zumindest war ich so überrascht, dass ich fast die zwei Sprühstöße in jedes Nasenloch, mein in der Regel probates Mittel gegen den Druck in den Nebenhöhlen, vergessen hätte. Sie legte sogar noch ein Lächeln nach. Die Maschine hob ab, ein kurzer Blick auf die Stadt unter uns. Mich interessierte eigentlich nur das Mestalla-Stadion, in dem der FC Valencia spielte und das ich trotz meiner Sitzposition deutlich ausmachen konnte. Ich wollte Marion darauf hinweisen und dass Reiner Bonhof hier mal gespielt habe, aber mir fiel ein, dass sie zu dieser Zeit sechs oder sieben gewesen sein musste, immer in solchen Situationen wurde mir unser erheblicher Altersunterschied schmerzlich bewusst, und ich ließ es, außerdem war das Stadion längst aus dem Blickfeld.

Ich hörte, wie das Fahrwerk eingeholt wurde. Das Begleitpersonal begann die Essens- und Getränkeausgabe vorzubereiten. Ich sah zu Marion hinüber. Ein Rest des Lächelns, das sie mir vor ein paar Minuten gewährt hatte, war übriggeblieben. „Sie schläft schon". Marion deutete auf ihre Tochter, die mit geschlossenen Augen neben ihr saß, ihren schlaksigen Körper seltsam in den Sitz gekrümmt. Ich erhob mich unaufgefordert, öffnete die Gepäckklappe über mir und holte eine Decke hervor. „Danke." Marion breitete sie über Nadjas nackten Beinen aus. Die Klimaanlage blies auch hier auf Hochtouren. „Mir ist auch ziemlich kalt", flüsterte sie, „holst du mir noch eine?" Ich wiederholte den Vorgang, erwischte allerdings ein weitaus größeres Exemplar. „Die reicht für uns beide", sagte Marion wiederum sehr leise, um das Kind nicht zu wecken. Vor den Bordfenstern zog der Abend auf.

Bevor die Stewardess mit ihrem fahrbaren Gemischtwarenladen unsere Reihe erreichte, hatte Marion die Decke über unsere Oberschenkel gelegt. „Gut so?" Sie strich die Falten heraus. Durch den Stoff spürte ich den leichten Druck ihrer Hand. Gleichzeitig veränderte sie ihre Sitzhaltung so, dass mich ihre Schulter berührte. „Gut so."

Die Flugbegleiterin bugsierte den Wagen in unsere Nähe. Wir sahen, wie die Passagiere in der gegenüberliegenden Reihe die Alu-Folie von ihren Essensportionen abzogen. Darunter befand sich eine undefinierbare, rot-weiße Pampe, mit etwas Fantasie konnte man ein Pasta-Gericht vermuten. Selbst die Lufthansa unterlag dem Sparzwang, die Dividende sollte nicht durch überflüssige Serviceleistungen beeinträchtigt werden. Wir verzichteten dankend.

„Aber doch was zu trinken?“ fragte die Flugbegleiterin, die an Ellen Barkin in „Sea of Love“ erinnerte, keck. „Für mich ein Bier, bitte“, antwortete ich und schaute Marion an. „Stilles Wasser, wie immer?“ Sie schüttelte den Kopf und zeigte plötzlich eine Art trotziger Entschlossenheit, die ich so an ihr nicht kannte. „Mir auch ein Bier. Und zwei Whisky dazu.“ Selbst die Stewardess schien überrascht und wartete darauf, dass Marion dementierte. Als das ausblieb, öffnete sie zwei Flaschen Beck´s und wollte die Plastikbecher herüberreichen. „Danke, wir trinken aus der Flasche“, bestimmte Marion, was Ellen Barkin noch mehr überraschte, von mir ganz zu schweigen. Die kleinen Johnny-Walker-Fläschchen kamen hinterher. Ich ahnte, was folgen würde.

„Prost.“ Marion schlug ihre Flasche gegen meine wie ein Polier auf dem Bau und erschrak dann wegen des Geräusches. Sie presste einen Finger gegen ihre Lippen und zeigte mit der anderen Hand auf das schlafende Kind. Ihr erster Zug war beeindruckend. „Da staunst du, was?“ Dabei legte sie ihre Hand wieder auf meinen Oberschenkel, diesmal war der Druck deutlich spürbarer. Ich kannte das Spiel. Es war jetzt der Punkt gekommen, an dem ich sie hätte auflaufen lassen, mich für die letzten zwei Wochen revanchieren können. Ich hätte nur energisch ihre Hand zurückschieben müssen, mehr nicht. Aber da war wieder diese verrückte Hoffnung, wie jedes Mal, die Hoffnung, dass es doch noch einmal so werden würde wie im Vorjahr auf der griechischen Insel, meiner Insel, Kreta, jene vor Glück überlaufenden Augenblicke – danach wieder ganz viel Kälte und Dunkelheit und nicht miteinander können, aber auch nicht ohne einander, dazu das Fließen der Zeit...und jetzt in diesem Flugzeug, das schottische Gesöff in der Kehle, brennend erst und sich dann wohlig und warm im Magen ausbreitend. Marion nahm noch einen tiefen Schluck aus der Bierflasche, ein weiterer Kontrollblick auf Nadja, aber die räkelte sich in ihrem Sitz, offensichtlich noch schlafend oder jedenfalls nicht störend und ich bemerkte, wie Marion sich mühte, jetzt schon unter der Decke, meine Gürtelschnalle zu öffnen und entschied mich, die Spannung aus meinen Rückenmuskeln herauszulassen, die Beine leicht auszustrecken, sie gar vorsichtig ein wenig zu spreizen und Marion bei ihren Erkundungen nicht zu behindern.

Sie drehte, mit Verzögerung, da in den letzten Minuten mit dem Entriegeln meiner Garderobe beschäftigt, den Schraubverschluss von ihrer kleinen Whiskyflasche ab. „Salut", diesmal geflüstert. Ich beeilte mich mit dem letzten Schluck nachzukommen. Ihre eine Hand war auf meinem Oberschenkel geblieben, sie begann mich mit Daumen und Zeigefinger zu streicheln. Ich wich ihrem Blick aus, schloss die Augen und lehnte mich zurück. Ich hatte fast vergessen, wie gut es war, von ihr so berührt zu werden.

„Nochmal das gleiche, bitte!" Ich schreckte auf. Ellen Barkin befand sich auf dem Rückweg und war von Marion gestoppt worden. Während sie mit der einen Hand einen Geldschein aus ihrer Börse fingerte, beließ sie die andere unter der Decke. Allerdings hatte sie ihre Position verändert, weiter nach oben. Ich wusste nicht, worauf ich mich konzentrieren sollte, auf den Inhalt der beiden Flaschen, die von Ellen neu auf dem ausziehbaren Brett abgestellt worden waren, oder auf diese drängende, einstmals vertraute und jetzt zunehmend fremdere Hand, die ihr Ziel erreicht hatte, was ich ihr mit einem tiefen Seufzer dankte. Wieder prosteten wir uns leise zu. Nadja schlief offenbar fest. Oder hatte sie etwa die Augenlider einen Spalt angehoben und sah uns zu? Marion trank das „Rentnergedeck" in wenigen Zügen leer. Sie schaute auf ihre Tochter, dann, sicher, dass diese nichts mitbekäme, drückte sie mir überfallartig die Lippen auf meinen geschlossenen Mund. Sie schob die Zungenspitze hinterher. Bace di morte, eine ziemlich blödsinnige Assoziation. Ich gab nach, spürte ihre Zunge und dachte, während ich ihre Saugbewegungen erwiderte, nicht mehr an den erneut kampflos preisgegebenen Sommer, an das lange Schweigen der letzten beiden Wochen. Inzwischen waren sich unsere Hände, ihre rechte, meine linke, unter der Decke begegnet, hatten sich kurz ineinander verhakt. Dann aber nahm auch meine die Suche auf.

Ich sah Marion an. Da war dieser Ausdruck in ihrem Gesicht, der so weit zurücklag, dass ich mich erst jetzt wieder an ihn erinnerte, in der Zeit unserer ersten Begegnung war das gewesen, wir hatten uns, einen damals noch seltenen südlich-heißen Sommer nutzend, mehrmals auf dem Balkon über ihrem Garten geliebt, das Kind nebenan, aber noch klein und gut für einen achtstündigen Schlaf ohne Unterbrechung, dem nächtlichen Balkon, *Stis nichtas to balkoni*, ich hatte ihr sofort die Theodorakis-Platte gekauft, den Text von Elytis aber nur ansatzweise übersetzt, denn da hieß es *„Auf nächtlichen Balkonen stirbt die Liebe auch"*, das sollte sie nicht wissen, damals, in der Zeit, als wir uns gefunden hatten, auf dem Balkon, aber dann auch in ihrem Bett, einem typischen Ehebett aus dem Otto-Katalog, klassisch mit Bestellkarte geordert, das Internet schien ihr, lange vor den Snowden-Enthüllungen, schon damals bedrohlich, das Bett, das sie für eine Zeit mit dem anderen Mann geteilt hatte, und jetzt mit mir, und für einige Dutzend Nächte vergaß sie alle die Tabus, die sie sich auferlegt hatte, vielleicht als eine Art Selbstbestrafung für ihre Liebesunfähigkeit, von der damals nur sie etwas ahnte, und achtete nicht auf die so merkwürdig spitzen Laute, die sie, einmal in Fahrt, ausstieß und doch wegen des Kindes nebenan halb unterdrückte, und auch nicht auf die kleinen Obszönitäten, die ihr sonst so fremd waren und die sie, früher hätte man gesagt, „degoutant" fand bei anderen - diese Lust lag in ihrem Ausdruck , den ich jetzt wiedererkannte, hier im Flugzeug, schon halb angetrunken und den gegenseitigen Zugriff unter der Decke verstärkend, vielleicht lag Ekstase darin, ein Außer-Sich-Sein, für das sie sich hinterher immer schämte, aber auch schon die Ahnung von Vergeblichkeit und Umsonst.

Wieder küsste Marion mich, nicht ohne sich vorher der weiterhin schlafenden Tochter versichert zu haben. Ellen Barkin wollte fragen, ob eine weitere Runde genehm wäre, schaute Marion dann aber mit diesem verschwörerischen Frau-zu-Frau-Blick an, den diese vielleicht sogar erwiderte, ich weiß nicht, schob den Wagen an uns vorbei, während Marion sich regelrecht in mir verbiss, jetzt, dachte ich plötzlich und ärgerte mich gleichzeitig über die selbstverursachte Ablenkung, jetzt wäre vielleicht, wenn der Kuss endete, die

Gelegenheit, noch einmal über die Demütigung dieses Urlaubs zu reden, über die Schmach, die sie mir immer wieder in diesen, wie es in den Hochglanz-Prospekten hieß, „schönsten Tagen des Jahres“ antat. Und so wollte ich sie, als sie die Lippen von meinem Mund nahm, nach dem Grund dieses ständigen Scheiterns zwischen uns und an uns fragen, völlig verrückt in dieser Situation, aber ich sah, dass sie ahnte, was ich sagen wollte und kam mir zuvor: „Halt bloß die Klappe“ und: „Mach lieber weiter, wir sind schon über Frankfurt“, sagte sie und drückte mit der ganzen Handfläche gegen das, was sich, mich selbst am meisten überraschend, unter der Decke bei mir zu regen begann, fast schon vergessen, eine Art unkontrollierter physischer Trotzreaktion, aber gleichzeitig auch männlicher Selbstvergewisserung, und ich wusste, dass sie mich in der Hand hatte, dort unten sowieso, aber auch in diesem Flieger, in diesem Augenblick genauso wie in der Zeit vorher und nachher, und dass ich das Ganze ertrug mit dem Stolz eines Mannes, einem Reststolz, der immer dann aufkam, wenn ich die Blicke anderer Paare auf uns ruhen sah, verbrauchter, früh gealterter Paare, die sich erstaunt fragten, wie es denn möglich sei, dieser grau-, fast weißhaarige Mann, die langen Strähnen bewusst eine Spur zu ungepflegt, aus einem fast kindischen Festhalten an seiner längst verlorenen Rocker-Jugend seit Monaten nicht geschnitten und den völlig unpassenden, seltsam provokanten Goldschmuck-Imitaten an Finger, Handgelenk und um den Hals, „Zuhälter-Umschüler“ hatte ein Freund spöttisch gesagt - und diese junge Frau, ihre Reize überwiegend verborgen unter einer Kleidung, die fern aller Anstößigkeit aber doch irgendwie verlockend war, unverschämt jung eben, ihre immerhin auch schon bald 40 Jahre nicht zu ahnen, vielleicht, wenn man genauer hingeschaut hätte. Zwischen ihnen die Tochter, viel zu groß für ihr Alter, das seidige schwarze Haar bis fast an die Hüften, der exotisch anmutende bronzefarbene Teint, der zu den vermeintlichen Eltern überhaupt nicht zu passen schien, das ist eine ganz besondere Familie, da müssen drei außergewöhnliche Leben sein, mögen sie gedacht haben, Leben, die wir uns erträumten, aber nie hatten und nie mehr bekommen werden auf diesen letzten Metern bis zum Ende. Ich fühlte mich ihnen dann immer überlegen, besonders den Männern, ich lächelte arrogant und wissend zurück, kostete ihre Niederlagen aus, griff manchmal nach Marions Hand, legte den Arm um sie, küsste ihr die Wange, nur um diesen Beziehungskrüppeln zu zeigen, dass sie Verlierer seien, für ewig und drei Tage, und sie machten den Fehler, nur auf mich zu starren, auf meine Hände, auf die Überlegenheit meiner Bewegungen und nicht in Marions Gesicht, nicht auf ihren Oberkörper, der sich, angesichts meiner von ihr so oft als Peinlichkeit empfundenen Berührungen versteifte und alles das, was sie sich in ihren kühnen Träumen vorstellten, in Ablehnung verwandelte, bestenfalls in eine ungewisse Hoffnung.

„Schon über Frankfurt…", hatte Marion gesagt und jetzt verstärkte auch ich meine Bemühungen, schaffte irgendwie den Druckknopf an ihrer Jeans, wurde aber unterbrochen von Ellen Barkin, die zwei Whisky-Fläschchen hochhielt und dabei wieder dieses unverschämte Lächeln zeigte. Auf mein Kopfnicken hin stellte sie die Getränke ab und sagte fast mütterlich, dass wir auch nachher noch bezahlen könnten, alles stieg in mir hoch, jene fast vergessene Körperflüssigkeit, bereit zu einer abenteuerlichen Entladung unter einer billigen Flugzeugdecke, einer finalen Erlösung nach langer Zeit , aber mehr noch meine Verzweiflung der letzten dreizehn Nächte, schlaflos, schwitzend und mit einer unbändigen Wut, Wand an Wand zum Mutter-und-Kind-Zimmer, und ich wollte alles zurückhalten und dann eigentlich doch nicht und fühlte, dass Marion mit einer Art Verbissenheit jetzt an mir arbeitete. Warum lasse ich das immer wieder zu, fragte ich mich und gab mir gleich die Antwort, weil mich das alles andere ertragen lässt, und da es kein Sprechen, keine Sprache zwischen uns gab, nur diese Form des Aushaltens, der ich mich jetzt ergeben wollte, in diesem Moment, der nur Gegenwart war…

„Fertigmachen zur Landung!". Gurtklicken, hektische Betriebsamkeit, selbst Ellen beeilte sich, ihre rollende Bar hinter den Kabinenvorhang zu schaffen. Alles war mit einem Mal obsolet geworden. Unsere Körper strafften sich und hatten sich im gleichen Moment verloren. Durch die Lautsprecherdurchsage war Nadja wach geworden, sah uns kurz fragend an und setzte sich dann die Kopfhörer wieder auf. Ich spürte den Druck in den Nebenhöhlen zurückkommen. Unsere Hände lagen wieder auf der Decke. Mein Körper vibrierte noch, Marion mühte sich um ihre gewohnte Haltung, unbeteiligt, kühl, als habe es die letzten Minuten nicht gegeben, keine abschließende und die Hoffnung auf Wiederaufnahme der Zärtlichkeiten signalisierende Berührung. Sie reichte mir das Nasenspray, das im Netz an der Rückseite des Vordersitzes steckte. Ich sprühte zweimal, zog die Luft durch die Nasenlöcher und bemerkte, wie meine Erregung sich in ihre Ausgangsposition zurückzog.

„Wir müssen noch eine Schleife über dem Ruhrgebiet fliegen. Keine Landeerlaubnis in Düsseldorf bis jetzt", kam es vom Piloten. Ich faltete die Decke zusammen, Marion richtete ihre Jeans (ich hatte immerhin noch ein paar Zähne des Reißverschlusses geschafft), Nadja legte das Handy, das ich ihr nach dem Verlust ihres Notebooks noch in Spanien gekauft hatte, parat, in Kürze würde sie wieder chatten können.

Das Ruhrgebiet lag unter uns, eine Region, die der Bochumer Kabarettist immer mit der Begründung „Woanders is auch Scheiße" als Heimat legitimierte. Ich fühlte mich müde und entleert, ohne dass es ja zu einer Entleerung gekommen wäre, und wenn es vielleicht doch ein Zauber war, der über diesen letzten Minuten gelegen hatte, so war er nun schon sehr fern, ersetzt durch das sichere Gefühl, dass nun alles entschieden sei.

Auf dem Monitor sah ich, dass wir die Höhe von Gelsenkirchen erreicht hatten. Nadjas Abgang zur Toilette nutzte ich, um auf ihren Fensterplatz hinüber zu rutschen. Die Schalke-Arena, der Ort, an dem ich für samstägliche 90 Minuten immer so tat, als gäbe es eine Alternative in meinem Leben, eine Art Ersatz-Liebe, lag unter mir, fast zum Greifen nah, ein hell erleuchtetes Oval, das sich von den Millionen anderen, fahl-weißen Lichtern deutlich abhob. Katschinski, der Ober-Platzwart, den ich während der guten Zeit von Lars, als dessen Firma noch lief und er mich immer in die VIP-Lounge mitnahm, zufällig kennen gelernt hatte, ließ um diese späte Stunde den vorher gewässerten, hydraulischen Rasen einfahren, deshalb brannte das Flutlicht noch. Der Pilot zog eine erneute Kurve, aus den Augenwinkeln konnte ich noch sehen, dass Katschinski offenbar begann, die Lichter zu löschen. Die Arena versank nach wenigen Sekunden in völlige Dunkelheit. Ich überlegte, am nächsten Tag zum Spiel zu gehen, wollte Marion fragen, ob sie mich begleiten würde, dann käme vielleicht auch Nadja mit. Aber die Frau, die ich immer noch liebte, hatte den Gurt um ihre Taille gelegt und schaute starr geradeaus. Nadja kam von der Toilette zurück und lümmelte sich auf den Gangplatz.

Als Marion und ich nach der Landung das Handgepäck aus den Fächern holten, inmitten einer Horde drängelnder Touristen, die rücksichtslos darauf aus waren, als erste aus dem Flieger zu kommen, berührte ich sie zufällig. Sie wich etwas zurück. Ich wollte nach ihr greifen, sie an mich ziehen, mitten in diesem Gewühl, sie umarmen, ungeachtet all dieser braungebrannten Dutzend-Gestalten, sie auf den Boden der Kabine ziehen, in einem letzten, verrückten Anfall von Liebe, was sollte ich machen, ich konnte doch nicht anders, aber es war *zu spät*.

DER MORGEN DES LORENZ STERN

„Jede Wohnung birgt ein Geheimnis, und sei es nur die unerklärliche Tapferkeit ihres Bewohners, sich morgens zu erheben, alle möglichen Pflichten zu erfüllen und sich nach zahllosen Verhinderungen und Durchkreuzungen abends wieder hinzulegen.“

(Martin Mosebach)

Zwischen 3.16 Uhr und 3.26 Uhr in der Früh wird Lorenz Stern immer wach. Dazu muss er nicht den alten Digitalwecker, den er wegen der störenden hellgrünen Leuchtdioden in Richtung Wand geschoben hat, auf die Richtigkeit seiner Einschätzung überprüfen. Er weiß es einfach. Schon die Entscheidung, entweder das Ende seines Traums abzuwarten oder dem Druck der vollen Blase nachzugeben, ist keine echte. Er tastet nach dem Schalter der Nachttischlampe und rappelt sich stöhnend auf. Das ist der Moment, wo er eigentlich ganz froh ist, dass niemand ihn hört und durch das Ächzen eines alten Manns aufgeweckt wird: das Bett neben ihm ist seit langem leer. Wenn es bei diesem einen nächtlichen Toilettengang bliebe, hat ihm sein Hausarzt gesagt, wäre das für Anfang siebzig akzeptabel. Zwar hat er Stern mit etwas sorgenvoller Miene bei der letzten Sonographie mit einem Bleistift den deutlich vergrößerten Umfang seiner

Prostata nachgezeichnet, aber da er, Stern, sich ja weiterhin einer rektalen Untersuchung verweigere, sei er einverstanden, wenn es für den Moment bei der gelegentlichen Kontrolle der PSA-Werte bliebe. Wie es denn, hat der Arzt ihn dann mit dem verschwörerischen Augenzwinkern unter Männern gefragt, bei ihm mit einem möglichst kontinuierlichen „Training" der Prostata sei, regelmäßige Ejakulationen könnten einem möglichen Krebs durchaus entgegenwirken. Lorenz Stern hat nur müde abgewinkt: Hat sich erledigt, Herr Doktor. Man könne das durchaus auch allein hinbekommen, meinte der, wieder mit diesem Stammtisch-Grinsen. Aber da war Stern schon zur Tür hinaus.

Zurück im Bett, fällt das Weiterschlafen schwer. Immer häufiger, auch, wenn die Außentemperaturen schon herbstlich sind und das Schlafzimmer gut gekühlt ist, sind Kissen und Laken durchgeschwitzt. Stern führt es auf den abendlichen Alkoholkonsum zurück und die angstmachenden Träume zumeist in der ersten Nachthälfte, die er „Labyrinth-Träume" nennt. Sie folgen alle dem gleichen Muster: meist ist Stern dann in einer ihm unbekannten Stadt. Er hat sein Auto irgendwo am Straßenrand oder im Parkhaus abgestellt, trifft dann fremde Menschen auf Stehpartys, bei denen es um nichts Wichtiges geht, manchmal tauchen aber auch seine Eltern auf, dann wiederum Freunde, die alle eint, dass sie schon lange tot sind. Man spricht, trinkt und lacht, dann wird es Zeit für den Abschied. Der eigentliche Horror beginnt danach: Lorenz Stern irrt durch Parkhausetagen, über Straßen und Plätze, um sein Auto zu finden, er klingelt verzweifelt an Haustüren, fragt willkürlich Passanten, ob sie ihm helfen können, alles vergebens. In letzter Not fragt er dann einen am Straßenrand stehenden Ordnungshüter, der noch größer, noch dominanter und verächtlicher erscheint als der Polizist aus Kafkas bekannter Parabel „Gib´s auf!" und ihn mit einem spöttischen Zug um den Mund in alle möglichen Himmelsrichtungen schickt, vom Auto weiterhin keine Spur. Stern wird fast verrückt unter seiner totalen Orientierungslosigkeit und ist den Tränen nahe. Ab und zu gibt es Varianten des „Labyrinth-Traums", so, wenn er etwa in zunehmend desolater Verfassung nach einer Telefonnummer sucht, weil ein Anruf lebensrettend für den Gesprächspartner sein könnte (aber vielleicht auch für ihn selbst), ein anderes Mal trifft er Frauen in einem riesigen Haus mit Dutzenden von Zimmern – aber diejenige unter ihnen, die er liebt und bei der er für den Rest seiner Tage bleiben möchte, betraut ihn mit einer sinnlosen Aufgabe und schickt ihn fort, diese zu erledigen. Kehrt er danach zurück, findet er das Zimmer, in dem sie auf ihn wartet, nicht wieder, so oft er auch anklopft, öffnet doch immer jemand anderes und zuckt die Achseln, wenn er nach der Zurückgelassenen fragt. Die volle Blase, die er in den letzten Sequenzen der Träume schon spürt, gegen die er aber verzweifelt ankämpft, um die Suche nach der geliebten Frau nicht abzubrechen – rettet ihn am Ende doch. Er spürt den schweißnassen Schlafanzug auf der Haut und rappelt sich hoch.

Manchmal gelingt es Stern nach dem Toilettengang, noch einmal einzudämmern. Er fällt dann in eine Art Halbschlaf, der in einem Reich zwischen Wirklichkeit und Imagination angesiedelt ist, das er als viel angenehmer empfindet als die quälenden Stunden voller aussichtsloser Kämpfe zuvor. Die Bilder, die jetzt zu ihm kommen, sind besetzt von Zuneigung und sanfter körperlicher Liebe. Dabei sind es überwiegend die Frauen, die die Initiative ergreifen. Sie sind jung, attraktiv und offenbar sehr selbstbewusst. Es ist Lorenz Stern, der nichts tun und sich einfach nur einlassen muss auf die Zärtlichkeiten der jeweiligen Frau (mitunter sind es auch zwei gleichzeitig), schon ein Streicheln, eine vage Berührung lösen Glücksgefühle in ihm aus, die er seit langer Zeit nicht mehr erleben durfte. Zum Ende hin – der Morgen drängt dann je nach Jahreszeit schon ungeduldig durch die Jalousien – wird aus dem scheuen Begehren pulsierende Leidenschaft, die Frauen ziehen ihn ganz hinüber zu sich, er spürt (jetzt schon kurz vor dem eigentlichen Aufwachen) eine körperliche Kraft und Bereitschaft, die ihn im wahren Leben lange schon verlassen haben, die Blutgefäße öffnen sich, schwellen an, offenbaren einen fast jugendlichen Aggregatszustand – jetzt, genau jetzt, müsste es jemandem in dem leeren Bett neben ihm geben, der nur auf diese wundersame Verjüngung gewartet hat, ihm die Decke wegzieht, sich von seiner unbedingten Bereitschaft überzeugt und sich an ihn drängt. Da aber ist Lorenz Stern schon aufgewacht. Das Glücksgefühl hält noch für wenige Sekunden an, dann ist alles wieder wie am Abend zuvor, unter seinem Bauch regt sich nichts mehr, *„war ein Traum ja nur“*, heißt es in einem Schlager. Er steht auf, wieder ächzend und stöhnend (und wieder hört ihn keiner), zieht die Jalousien herunter, öffnet das Fenster auf Kippstellung. Wenn man genau hinschaut, kann man manchmal die Tränen sehen, die er bei dem vergeblichen Versuch, die letzten Traumbilder festzuhalten, weint. Oft glaubt er aber auch, hart sein zu müssen – gegen sich selbst und angesichts der Erkenntnis, dass es das Glück dieses Traums für ihn nicht mehr geben wird.

Für ein paar Minuten legt er sich noch einmal hin, streckt Knochen und Gelenke, versucht, die dadurch ausgelösten Schmerzen zu ignorieren. Er entsperrt sein Smartphone, das auf dem leeren Nachbarbett liegt und das er vor dem Einschlafen immer ausschaltet (hingegen bleibt das ebenfalls dort deponierte mobile Festnetzgerät nachts über in Bereitschaft – er hofft, im Falle eines Schlaganfalls oder ähnlichem gelänge es ihm noch den Notruf zu wählen, das Problem, wie die Rettungssanitäter in seine Wohnung gelangen sollen, verdrängt er bzw. vertraut auf den Nachbarn, der unter ihm wohnt und einen Reserveschlüssel besitzt). Stern, wie sagt man heute, „checkt" die seines Erachtens wichtigsten Apps nach Neuigkeiten, dabei hält er sich an eine festgelegte Reihenfolge: Mail- und What´s-App-Eingänge, Wetter, Online-Banking, ein Politik-Magazin, dessen Abo er wechselweise kündigt und sich dann wieder anmeldet, teils, um Geld zu sparen, teils, um seinen ständigen Ärger über die seiner Meinung nach vor „woken" (noch so ein Neu-Wort) Journalisten überquellenden Redaktionen der sogenannten „Haltungs-Medien", Stichwort Moral vor Information, auszudrücken. Trotzdem schätzt er das tägliche, sieben Fragen umfassende Quiz des Hamburger Magazins, dessen Gründer gerade 100 Jahre alt geworden wäre und unter dessen langem Schatten die heutigen Redakteure wahlweise ächzen oder zu neuen Höchstleistungen angespornt werden. Vielleicht schämen sie sich ja auch manchmal, weil sie der Genialität des toten Herausgebers auch nicht ansatzweise nahekommen. Sterns Minimalziel ist die richtige Beantwortung von vier Fragen, manchmal, wenn sie nicht aus dem ihm fremden Bereich der Naturwissenschaft oder Ökonomie stammen, reicht es auch für mehr, ein paarmal hat er sogar die volle Punktzahl erreicht. Dann ploppt prompt ein virtuelles Lob für ihn im Display auf: „Super! Besser geht es nicht!" Immerhin bescheinigt ihm die Quiz-Statistik, dass er verlässlich bei einer Trefferquote von etwa 75% liegt. Das kann sich für einen 72jährigen sehen lassen, findet er.

Er zieht den Bademantel an, schlüpft in die Adiletten und schließt die Wohnungstür auf. Vorsichtig prüft er, ob einer der Nachbarn sich im Treppenhaus aufhält oder Anstalten dazu macht. Er will keinem von ihnen begegnen, schon gar nicht im Bademantel. Schnell geht er die Treppe hinunter (einmal war er *zu* schnell, da stolperte er, versuchte an der Wand Halt zu finden und riss sich an dem ekelhaften Rauputz aus den 80er Jahren die Handinnenfläche auf), überwiegend verlässlich ragt die Tageszeitung aus dem Briefkasten. Es ist die Zeitung, die in der benachbarten Großstadt erscheint. Zwar liest er sie, wenn er die erste Lektüre der Kinder- und Comicseite in seinem Elternhaus mitrechnet, seit fast 60 Jahren, trotzdem hat er sie schon als Heranwachsender, zunehmend politisch Interessierter immer für qualitativ eher minderwertig, oft auch zu boulevardartig gehalten. Als er dann aber allein lebte und wegen seines Berufs schon um sieben Uhr morgens das Haus verlassen musste, gab es erst recht keine Alternative: diese Zeitung war die Einzige, die in aller Herrgottsfrühe im Briefkasten lag. Die wirklich guten Blätter aus Frankfurt, Hamburg oder München kamen erst mit der Briefpost am Mittag, da nutzten sie ihm nichts mehr. Lorenz Stern konnte es von Anfang an nicht ertragen, am Kaffeetisch zu sitzen und die Wand anzustarren oder selbst dann, wenn er sich zwischendurch in flüchtigen Beziehungen befand, die ein gemeinsames Frühstück beinhalteten, sich auf irgendeinen Small-Talk einlassen zu müssen. Seit er nun ganz allein lebt, also seit etwa zehn Jahren, und genau weiß, dass sich an diesem Zustand nichts mehr ändern wird, ist das Bedürfnis, neben der Kaffeetasse eine aufgeschlagene Zeitung zu haben, noch größer geworden, egal, was für ein Blödsinn da unter allen möglichen Rubriken verzapft wird.

Lorenz Stern trinkt jetzt einen selbstgepressten Orangensaft, sein einziges Zugeständnis an eine gesunde Ernährung. Der Rest seiner Mahlzeiten besteht überwiegend aus zu viel Fett und Kohlehydraten, dazu kommen Alkohol- und Nikotin-Abusus. Wenn er seinem Arzt wahrheitsgemäß davon berichtet, will der ihm das nie so recht glauben, schließlich habe Stern ein doch noch vergleichsweise jugendliches Aussehen – zum Beweis nennt er dessen zwar ziemlich weiße, aber doch volle Haare, auch sei seine Gesichtshaut überwiegend glatt und ohne rot-bläuliche Verfärbungen oder aufgedunsene Stellen, die den starken Trinker ausmachen würden. Andererseits, der Arzt seufzt dabei und zieht die Stirne kraus, lägen seine Leberwerte seit Langem nicht mehr im

Normbereich: Ich bitte Sie dringend um Mäßigung, Herr Professor!

Lorenz Stern schlägt als erstes den Sportteil auf. Waren bis vor ein paar Jahren die dort aufgeführten Berichte noch erfreulich faktengesättigt – Tabellen, Ergebnisse, Rekorde – und dazu voller kompetenter und meist zutreffender Analysen (z.B., was den von Stern seit der Kindheit favorisierten Fußballclub betrifft), ergeht sich seiner Meinung nach auch hier eine neue Generation von Redakteuren viel zu oft in der Analyse moralischer oder unmoralischer Verhaltensweisen von Trainern, Spielern, Athleten (wohlgemerkt männlichen Geschlechts, etwaige Verfehlungen weiblicher Sportler erscheinen natürlich als sakrosankt). Statt jederzeit engagierter, bei aller Neutralität auch empathischer Berichterstattung über Traumtore, Fouls, Abseitsstellungen und Abstiegskampf liest Stern jetzt vor allem von Übergriffigkeit, Sexismus, Benachteiligung „queerer Minderheiten", der Forderung, dass von Amts wegen an jeden Sportler-Oberarm die Regenbogenbinde gehöre und unverhohlener Empörung, sollte etwa einem männlichen Athleten beim Interview nach dem Wettkampf die eine oder andere misslungene Formulierung unterlaufen sein. Stern sehnt sich nach den Reportergrößen vergangener Jahrzehnte zurück – aber eigentlich sehnt er sich nach allem zurück, was ihm einmal als gut und richtig und lebenswert erschien. Dass dies überwiegend heute als null und nichtig denunziert wird, weiß er, und dass man Leute wie ihn mit dem albernen Begriff des „Babyboomers" bezeichnet und als „alten, weißen Mann" (übrigens empfindet er dies ebenfalls als eine üble

Diskriminierung), auch. Schon merkwürdig, dass er, ein Linker alten Schlages, der sich sein Leben lang gegen alle Versuche, woher auch immer sie kamen, die hiesige Demokratie zu untergraben, gewehrt hat und weiter eisern zu seiner politischen Biographie steht, sich nun auf einmal selbst mehr und mehr den Einschüchterungsversuchen einer weitgehend ungebildeten Haltungsschickeria, die sich mit dem Attribut „links“ schmückt, ausgesetzt sieht. Die Dialektik der Aufklärung – die alten Strategen Horkheimer und Adorno haben sie sehr früh und sehr richtig beschrieben.

Er macht sich seinen ersten Kaffee (die Verwendung einer Tchibo-Kapsel mit ihrem Aluminium-Anteil ist natürlich auch in höchstem Maße unkorrekt), fügt haltbare Milch hinzu, belegt seinen Toast mit einer Scheibe jungem Gouda. Dann nimmt er sich den Lokalteil vor, überspringt das meiste, verweilt höchstens bei den ein, zwei Artikeln, die seinen Stadtteil betreffen, etwas länger: Baumaßnahmen, neue Geschäfte, Kulturelles (ab und zu eine Lesung, die ihn interessiert, ein kleines Konzert, eine Ausstellung – und manchmal geht er sogar hin). Die Todesanzeigen sucht er nach Namen von Freunden und Bekannten ab, studiert die Geburts- und Sterbedaten. Ein leichter Schauer überkommt ihn, wenn er einen oder eine findet, die ihm irgendwie einmal nahestanden. Er unterbricht dann das Frühstück, holt Schere, Alleskleber und eine Karteikarte, schneidet die Anzeige aus, klebt sie auf die rechteckige Pappe, legt sie unter den Locher und versorgt sie anschließend in einem speziell dafür vorgesehen Ordner. Seine Freunde haben, seit er dieses düstere Archiv führt (es gäbe da auch noch eine vergleichbare Sammlung mit Nekrologen von Fußballern und Rockmusikern), schon lange das geflügelte Wort geprägt, dass man aufpassen müsse, „nicht in einem von Lorenz´ Ordnern zu landen“. Stern denkt dabei gerne an die oft zitierte Pointe, dass er, solange er nicht seinen eigenen Namen an dieser Stelle liest, offenbar noch lebt.

Lorenz Stern trinkt seinen zweiten Kaffee im Arbeitszimmer. Er startet seinen PC, ruft Seiten auf, die er auf dem Smartphone nicht gespeichert hat, verschafft sich einen weiteren Überblick über Schlagzeilen aus Politik und Fußball, aber auch Tratsch über Promis mag er. Am liebsten möchte er alles über sie wissen, ihre gescheiterten Ehen und Liebesbeziehungen, Krankheiten, unerzogenen und aus der Art fallenden Kindern, Drogen-, Sex- und Alkoholskandalen – wahrscheinlich, überlegt er sich hinterher, weil es ihn irgendwie tröstet. Siehste, kann er zu sich sagen, die sind alle aus dem gleichen Fleisch und Blut, bei denen geht manches genauso schief wie bei dir, sie haben Schmerzen, sind traurig, verlieren mehr als sie gewinnen, müssen genauso wie du bald oder etwas später sterben, und am Ende ist ihre Lebensbilanz ähnlich durchwachsen wie deine. Manchmal helfen ihm diese Gedanken tatsächlich dabei, ganz gut in den Morgen, in den Tag zu kommen, das Gefühl absoluter Leere und Zukunftslosigkeit zur Seite zu schieben, gar ein wenig Vorfreude angesichts der nächsten Stunden zu empfinden (auf seiner täglich erneuerten To-do-Liste stehen schließlich auch Termine, die erfreulich verlaufen könnten, Treffen mit Freunden, verhaltene sportliche Aktivitäten...) – dann aber weiß er wieder sehr genau, wie sehr er sich in die Tasche lügt. Ja, die Treffen werden zwar angefüllt sein mit guter Laune, Humor, der Übereinstimmung von Meinungen über die Dinge des Lebens und gemeinsamen Einschätzungen von Politikern, Büchern, Musik, dem Gefühl von Seelenverwandtschaft, zudem wird das Kräftemessen mit den Freunden auf dem Tennisplatz eine angenehme Erschöpfung hervorbringen, das temporäre Spüren verbliebener körperlicher Möglichkeiten und auch die selbstironischen Frotzeleien beim anschließenden gemeinsamen Bier möchte er nicht missen. Auch wird es beim monatlich stattfindenden Kartenspiel – ob auf sommerlichen Terrassen oder in versteckten, südlich anmutenden Hinterhöfen – melancholische Blicke geben auf vorübergehende junge Frauen und ihre begehrenswerten Körper unter leichter Bekleidung, Blicke, die bittersüße Erinnerungen hervorrufen an die Liebe und ihre niemals erfüllten Verheißungen. Sicher, das alles wird so sein, später, wenn die Mittagsstunde vorüber ist und es gilt, für den Rest des Tages den getroffenen Verabredungen nachzugehen. Aber Lorenz Stern weiß auch, dass er irgendwann, wenn alle diese kleinen Freuden, die der To-do-Zettel verspricht, abgearbeitet sind, vor der nächtlichen Wohnungstür stehen wird, nach dem Schlüssel kramt, aufschließt und in seine leeren Räume zurückkehrt.

Nach dem Herumscrollen auf den von ihm favorisierten Websites geht Stern ins Bad. Er nimmt die noch ungelesene Kultur-Seite der Zeitung mit – obwohl die Überschrift „Kultur" meist nur ein leeres Versprechen ist. In der Regel erschöpft sich das Ganze in Konzertankündigungen und oberflächlichen Interviews mit Möchtegern-Künstlern, das, was hochtrabend unter der Rubrik „Rezensionen“ angekündigt wird, gleicht meist einer rein inhaltlichen Zusammenfassung, und auch die ist oft nicht mehr als eine Abschrift des jeweiligen Klappentextes. Vielleicht will Stern seine Geringschätzung für diesen Teil dadurch ausdrücken, dass er ihn ausgerechnet während des unvermeidlichen Verdauungsvorganges zur Hand nimmt. Ohnehin konzentriert er sich dabei auf die zusätzlich der „Kultur“ anhängenden Sparten „TV“ und „Panorama“ – letztere ist seit langem ebenfalls auf dem Klatsch- und Tratsch-Niveau angekommen, aber auf das begibt er sich manchmal ja recht gern.

Rasur und Zähneputzen, beides elektrisch, was eine gewisse Perfektion vorgaukelt: glatte Wangenhaut, nicht blutendes Zahnfleisch. Es folgt die Dusche, das Wasser belässt er auch im Hochsommer bei einer recht hohen Temperatur, Kälte ist ihm ein Gräuel. Das Shampoo (wie Seife und Zahnpasta seit Jahrzehnten von der gleichen Marke) verteilt er zwischen seinen üppig wachsenden Haarsträhnen, auf die er lange ziemlich stolz war, bevor ihm letztens während eines Kurzurlaubs die wie in einem Bordell angebrachten Spiegel im Bad des Hotelzimmers eine deutliche Tonsur im Bereich des Hinterkopfes zeigten, was ihn ziemlich schockierte. Also auch dort, wo er glaubte, abgesehen von der grau-weißen Verfärbung („interessant“ wie ihm manche Frauen bescheinigten, meist ohne irgendwelche Avancen folgen zu lassen) noch einen Rest Jugendlichkeit zu besitzen, nichts als Vergehen, Abwärtsspirale. In letzter Zeit fühlt er zudem Ablagerungen auf der Kopfhaut, vermutlich Psoriasis. Kann auch psychisch bedingt sein, sagt sein Arzt und verschreibt trotzdem ein medizinisches Haarwaschmittel.

Es folgt das, was Stern am meisten hasst, sowohl nach dem täglichen Duschen, als auch während des wöchentlichen Wohnungsputzes: die Reinigung der Duschkabine mit ihrem vierteilig aufgesetzten Spritzschutz aus Glas. Bis zu seiner Emeritierung vor sieben Jahren hat das eine Haushaltshilfe für ihn erledigt. Die fleißige, gutmütige ältere Dame sprach ihn aber bereits nach der großen Abschiedsfeier an der Uni an, an dem fast alle Kollegen des Lehrstuhls Literatur teilnahmen und Stern in ihren Reden als außergewöhnlich erfolgreich in Forschung und Lehre, zudem als charakterliche und menschliche Bereicherung der Alma Mater gepriesen hatten. An dem betreffenden Abend machte ihn das, beflügelt vom Alkohol und den sorgfältig ausgewählten Geschenken und anrührend persönlichen Zeilen, plötzlich ganz leicht und beschwingt und führte sogar kurzfristig dazu, dass er meinte, seine Lebensbilanz falle, nimm alles in allem, und trotz des andauernden Vakuums im privaten Bereich, doch ziemlich überzeugend aus. Aber schon, als er am nächsten Morgen, verkatert und immer noch traurig, dass er nach dem nächtlichen Heimkommen, bepackt mit Blumen und Geschenken, diese Leichtigkeit mit niemandem teilen konnte, am Frühstückstisch saß, quälte ihn der Gedanke, wieviel im Gesagten und Geschenkten reine Heuchelei, pure Pflichtübung und Konvention gewesen war. Hätte er da schon das noch unberührte Paket geöffnet, das ihm zu Beginn der Feier von einer Vertreterin seiner Studenten, einer attraktiven Mittzwanzigerin, die ihn während seiner letzten Vorlesungen allein ihrer Erscheinung wegen mehrfach fast aus dem Konzept gebracht hatte, überreicht wurde – wäre seine Laune schnell eine andere geworden und die durch die offene Balkontür hereinströmende Spätsommerluft reiner Balsam für seine nun schon so lange geschundene Seele gewesen. Die mehrere Dutzende kleinen bunten Zettel, auf dem ihm die Studenten in vielfacher Form – mal als Zeichnung, dann wieder mit Hilfe literarischer Zitate oder einfach nur in wenigen Sätzen - ihre Sympathie und den Dank für die durch ihn empfangenen geistigen Anregungen ausdrückten, von der Kommilitonin liebevoll in einem alten Einweckglas gesammelt, las er erst am übernächsten Morgen. So aber störte ihn das plötzliche Erscheinen seiner Reinigungskraft von seinen Grübeleien auf und verstärkte seine schlechte Laune. Frau S. besaß natürlich einen Wohnungsschlüssel, hatte aber der Form halber angeklopft. Erst schüchtern und unsicher, dann doch für ihre Verhältnisse erstaunlich deutlich, teilte sie Stern mit, dass sie ab dem heutigen Tag nicht mehr kommen würde, sprach von ihrem Alter, dem schmerzenden Rücken, dem Wunsch, sich nach dem plötzlichen Tod ihres Mannes verstärkt der Betreuung ihrer zwei Enkel zu widmen. So also begann sein Ruhestand! Stern hatte keinen Grund, nach so vielen Jahren treuer Hilfe seinen vorhandenen Unmut offen zu zeigen, das wäre zutiefst ungerecht gewesen. Stattdessen verabschiedete er Frau S. mit den üblichen Dankesworten, wünschte ihr das, was man so wünscht – „Glück, Gesundheit, viel Freude mit der Familie“ – und drückte ihr an der Wohnungstür noch einen größeren Schein in die Hand. Seit diesem Morgen musste Lorenz Stern nicht nur die Wohnung regelmäßig selbst in

Ordnung bringen (etwas anderes ließ sein Perfektionismus nicht zu), ihm oblag jetzt auch dieser so widerliche Akt, täglich die Duschkabine von den mit Seife, Shampoo und Haarresten vermengten, die Glaswände herunterlaufenden Wasserschlieren zu befreien. Was genau ihn dabei so abstößt, weiß er nicht – erledigt er doch die anderen anstehenden Putztätigkeiten, selbst die Reinigung der beiden Toiletten (es gibt auch noch ein Gästebad), ohne besonderen Widerwillen.

Nach dem Duschen kommt Lorenz Stern nicht umhin, sich anzuziehen. Da er die Wohnung, wenn überhaupt, erst am frühen Nachmittag verlässt – vielleicht sind dann der Kühlschrank aufzufüllen, der leere Bierkasten gegen einen vollen einzutauschen, eine Stunde Sport oder ein ihm eigentlich sinnlos erscheinender Spaziergang zu absolvieren, zumindest ein bisschen Bewegung sei unabdingbar, wenn er die 75 noch erreichen wolle, sagt der Arzt (will er das überhaupt?) – belässt er es zunächst beim Trainingsanzug, je nach Außentemperatur reichen ihm auch T-Shirt und Shorts. 10 Uhr 10 – zumindest hält er den Zeitplan ein. Manchmal geht es auch schon auf 11 zu, das ist ihm peinlich und er schämt sich ein bisschen für seine Undiszipliniertheit. Ein paar Minuten noch streicht er durch die Wohnung, prüft die Aussicht aus den Fenstern von Schlaf-, Wohn- und Arbeitszimmer und ist jedes Mal froh, wenn er keine Veränderungen feststellen muss: am Bürgersteig parken die gleichen Autos wie immer, die, die fehlen, gehören noch arbeitenden Nachbarn und werden am späten Nachmittag wieder an ihrem Platz stehen. Nach dieser Inspektion sieht er keine

Möglichkeit mehr, sich vor dem Öffnen der Computerdatei mit dem Titel „Dokumente" zu drücken. Prokrastination war sein ganzes Leben über immer etwas Verlockendes, gleichzeitig, wann immer er ihr verfällt (und das passiert häufiger, als ihm lieb ist) ein Grund für schwere Gewissensbisse und zusätzlicher Antrieb, seiner Umgebung das gegenteilige Bild eines fleißigen, disziplinierten und souveränen Menschen vorzuspiegeln.

Jetzt hat Lorenz Stern die Wahl zwischen den Unterdateien „Tagebücher", „Artikel", „Rezensionen" oder „Notizen, Ideen". Nur, dass er jetzt zwei Stunden schreiben *muss*, steht nicht zur Debatte. Nach der Emeritierung haben ihn viele – Freunde, ehemalige Kollegen und Ex-Studenten – dazu aufgefordert, doch endlich etwas „Längeres", am besten einen Roman, mindestens eine Novelle, oder, wenn ihm das nicht so liege, doch wenigstens ein Sachbuch zu schreiben, Themen und Interessen habe er doch nun wahrlich genug. Fußball, Rockmusik, Literatur sowieso, aber auch Politik böten sich doch in diesen unruhigen, chaotischen Zeiten an, drängten sich nachgerade auf. Aber Stern winkte immer nur ab, er wusste seit Langem, dass es mit einem Roman nichts würde, zu sehr lähmte ihn immer noch das, was Susanne ihm angetan hatte (oder vice versa er ihr). Dann musst du es erst recht aufschreiben, bedrängten ihn seine Ratgeber, aber genau das wollte er nicht: exhibitionistisch wirken, selbstmitleidig, gar erbarmungswürdig, eine Jammergestalt, die der ganzen Welt ihr Elend unterbreitet. So belässt er es seitdem bei gelegentlichen Beiträgen in Fachzeitschriften für Literatur, unter einem Pseudonym schreibt er auch manchmal für Rock- und Fußballmagazine, die paar Euro Honorar landen in einer Zigarrenkiste, die er manchmal für irgendwelche hedonistischen Zwecke (Alkohol, gutes Essen, Kurzreisen) leert. Und was das Führen seiner Tagebücher betrifft: Das macht er schon seit über 50 Jahren. In einem großen Pappkarton befinden sich die handschriftlichen Aufzeichnungen in kleinen, mit Filzstiften beschrifteten Kladden (vieles davon verblassend, vergilbend), die nach Beginn des Computer-Zeitalters dazugekommenen Ausdrucke in einer langen Reihe von Ordnern in seinem Arbeitszimmer, zusätzlich gesichert auf Festplatte. Tagebuchschreiben: Eine der seltsamsten Tätigkeiten überhaupt. Mit jedem Satz stellt sich die Wozu-und-warum-und-für-wen-Frage aufs Neue, mit jedem weiteren abgeschlossenen Jahr wird die Gewissheit größer, dass es sich bei diesen tausenden von Einträgen eigentlich immer nur um eine Form existenzieller L´art pour l´art gehandelt hat. Dass Stern ab und zu willkürlich eine Kladde (sagen wir die von „1978") aus dem Karton oder einen Ordner (sagen wir den von „2001") herauszieht und nach der Lektüre bitter ist oder melancholisch oder traurig – macht die Sache nicht besser. In seinem Testament hat er bestimmt („Selbstverständlich", sagt er, wenn er, meist von den ihm nahestehenden „platonischen" Freundinnen, danach gefragt wird), dass alle seine Tagebücher vernichtet beziehungsweise gelöscht werden. „Gelöscht", ursprünglich ja nur im digitalen Kontext gemeint, trifft es ohnehin am besten - eine Vorstufe von „ausgelöscht", so wie er selbst es in nicht allzu langer Zeit sein wird. Nur manchmal tut ihm diese testamentarische Verfügung leid, dann, wenn ihm bei der Lektüre einige Passagen doch besonders gelungen erscheinen. Gelangt er aber kurz danach an Stellen, in denen er zum Beispiel den einen oder anderen Freund als charakterschwach darstellt, mehr noch, von der mangelnden sexuellen Anziehungskraft von Frauen, mit denen er zusammen war, schreibt und anschließend in wüsten Fantasien schwelgt, was alles mit ihnen möglich gewesen wäre, wenn *sie* nur gewollt und *er* den Mut gehabt hätte, seine Wünsche wenigstens einmal auszusprechen – ist er überzeugt davon, in seinem Letzten Willen das Richtige angewiesen zu haben.

Bevor er nun endlich mit dem Schreiben beginnt, steht er noch einmal vom Bürostuhl auf und geht zum Bücherregal, das an der Stirnwand des Arbeitszimmers steht. Auf seine Oberfläche hat Stern ein Din-A4-großes Bild von Susanne gestellt. Es ist in irgendeinem Biergarten, in dem sie nach einer Wanderung Rast gemacht hatten, aufgenommen worden, ein Jahr vielleicht, bevor sie ihn verlassen hat. Auf dem Foto hat sie die Haare rotbraun gefärbt, beide Ellenbogen auf den Tisch gestützt und ihr Kinn in die ineinander verschränkten Hände gelegt. Offenbar hat sie ein Lächeln versucht, aber es ist, noch bevor er den Auslöser seiner Digitalkamera gedrückt hat (ein Smartphone erwarb er erst nach der Trennung), übergegangen in eine seltsame Mischung aus Skepsis und Hoffnung: die Augenbrauen leicht hochgezogen, die Lippen nur einen schmalen Spalt geöffnet, die Mundwinkel auf dem Weg in eine Pose des Ärgers – das alles mag auf das hinweisen, was in den nächsten Monaten auf sie beide zukommt. Und doch denkt Stern, wenn er morgens vor dem Foto steht und es ein wenig zurechtrückt, manchmal auch von Staubresten befreit, dass in diesem Blick auch immer noch Verheißung liegt, ein sich anbahnendes Versöhnen, sogar die Gewissheit auf baldige Berührungen, Küsse und Glücksmomente.

Seit der Trennung haben sie kein einziges Wort miteinander gesprochen, nichts Klärendes, nichts Erlösendes. Immer hat er geglaubt, dass dies noch einmal geschehen würde. Jetzt hat er nur noch ein Bild, vor dem er jeden Morgen ein paar Augenblicke steht. Dabei stellt er sich vor, Susanne käme ins Zimmer, legte die Hand auf seine Schulter und beugte sich über ihn, um die Worte und Sätze auf dem Monitor zu lesen und ihm durch einen Kuss auf die Stirn zu verstehen gäbe, dass sie einverstanden sei, mit allem.

Punkt 12 fährt Lorenz Stern den Computer herunter. Da hat er entweder einen Tagebucheintrag beendet oder seinen Ausführungen zu Büchern, Rocksongs oder glorreichen Fußballspielen der Vergangenheit einige neue Absätze hinzugefügt. Die Mittagsstunde ist gleichzeitig auch das Ende der selbst auferlegten Sperrzeit für Alkohol. Reichlich früh, dass weiß er sehr wohl, und dass es da ein „Problem“ oder eine Sucht oder ein jahrzehntelanges Herumhangeln an der Grenze zu Abusus und Kontrollverlust gibt, auch. Die jährliche vierwöchige Karenzzeit im Januar hat aber noch nicht begonnen und etwas gegen die verlässlich um diese Zeit auftretende Angst, die immer schon eine Lebens- und Liebesangst ist, zu tun, ist das Gebot dieser Stunde. Dann entscheidet er sich entweder für ein Bier, ein Glas Wein, seltener einen Whisky, um all dem, was der Rest des Tages an notwendiger Pflichterfüllung, aber auch Gefahr, Unerwartetem und kaum zu Lösendem bringen wird, doch noch einmal entschieden zu begegnen. Gut, dass es diesen Morgen gibt.

In der kommenden Nacht zwischen 3.16 Uhr und 3.26 Uhr wird Lorenz Stern wieder wach werden.

APOCHAIRETISMÓS – ABSCHIED

„Immerzu nimmt man von allem Abschied...Unendlich kostbar sind vor allem die letzten Augenblicke, in denen man von dem Antlitz einer Geliebten, von einer Sommerwiese, einem regenverweinten Wald Abschied nimmt. Und man hatte der Zeit doch nicht geachtet! Aber schließlich hat man sogar von sich selbst Abschied zu nehmen. Man hat leicht reden, dass man doch eigentlich unsterblich sei. Man stirbt dann nur umso öfter. Man ist immer des Todes."

(Alexander Lernet-Holenia)

Schon, als du die Treppe vom Rollfeld hoch zur Gepäckausgabe gehst, sehe ich die Skepsis, auch bereits einen Anflug von Traurigkeit in deinem Gesicht. Du scheinst genau zu wissen, dass du nur zurückkehrst, um abzuschließen, mit der Insel und deiner Geschichte mit ihr, von der ich nur ein Teil bin, ein kleiner zudem, auch, wenn du eben im Flugzeug gedacht hast, es ginge im Grunde nur um die wenigen Tage, die du mit mir hier verbracht hast. Dabei geht es um viel mehr.

Ich erwarte dich an Band zwei. Inzwischen kommen die Koffer an diesem Flughafen, den du immer abschätzig als der Dritten Welt zugehörig bezeichnet hast, viel schneller an als bei den einst sich so überheblich gebenden deutschen

Airports. Ich weiß jetzt schon, dass du, wenn du in zwei Wochen nach Düsseldorf zurückkehrst, dort mehrere Stunden wirst warten müssen, einen mittleren Wutanfall bekommst und jedem deiner ratlos um das Kofferband herumstehenden Leidensgenossen, ob sie wollen oder nicht, lauthals mitteilst, dass es sich bei dieser „Unverschämtheit" um nichts anderes handle als ein getreues Spiegelbild der „Bananenrepublik Deutschland" im Jahre 2023.

Ich stehe nur wenige Meter neben dir, aber natürlich erkennst du mich nicht. Erstens kannst du mich weder hier noch irgendwo sonst sehen, denn schließlich bin ich seit zwei Jahren tot, und zweitens ist es uns dort, wo ich mich jetzt überwiegend aufhalte, aufhalten muss, nicht gegeben, irgendeine Gestalt anzunehmen, geschweige denn, unsere frühere. Und doch hast du noch vor ein paar Monaten, nachdem du mein Grab besucht und ein paar, naja, nicht sonderlich vom Hocker reißende Blümchen neben den Findling, den sie für mich ausgesucht haben und den ich übrigens als viel zu bieder, meinem Leben nicht angemessen empfinde, gelegt hast, nachher deinen zwei engsten Freunden erzählt, du hättest mich in personam und in meiner Lieblingskleidung – enge blaue Jeans, weiße, undurchsichtige Bluse – neben diesem blöden Grabstein stehen sehen. Relativ reglos, hast du ihnen weiter berichtet, aber mit dem Lächeln, wie du es von mir kanntest (halb spöttisch und vorwurfsvoll, aber doch immer wieder verzeihend), angeblich hätte ich sogar meine Hand gehoben und dir zugewinkt. Dass du an diesem frühen Sonntagmorgen, kurz vor meinem Todestag (du wolltest weder deinem „Nachfolger", noch meiner Tochter begegnen) natürlich stocknüchtern warst, weiß ich. Aber offenbar hast du dir da wirklich etwas vorgemacht, das Gehirn hält ja für alle möglichen Einbildungen irgendeinen Botenstoff parat. Ach, vielleicht hast du auch, weil es morgens früh so still auf dem Friedhof war und ein lauer Sommerwind, den du gleich für Musik, für eine deiner bevorzugten Soft-Balladen hieltest, durch die Akazien strich, kurz die Augen geschlossen und mich so gesehen, wie du mich in deinen nächtlichen Träumen wieder und wieder erschaffst, in Bildern von surrealer Schönheit und Szenen voller Zärtlichkeit, Hingabe und Liebe, aber so waren wir doch nie, mein Lieber, oder, sagen wir, nur für ganz wenige Stunden. Aber egal, es war, im Wortsinne, eben eine Ein-Bildung, ich bin wirklich nicht mehr zu sehen, weder neben meinem eigenen Grab, noch hier am Gepäckband im Flughafen von Iraklion. Alles andere ist Biochemie und ein bisschen Esoterik. Und gläubig bist du doch ohnehin nicht mehr, oder? Überraschenderweise könnte ich dir dazu auch nicht allzu viel aus meiner neuen Umgebung berichten. Das, was wir in unserer Hilflosigkeit früher immer „Gott“ genannt haben, ist mir hier jedenfalls noch nicht begegnet. Andererseits: ich habe ja noch eine Menge Zeit, das Terrain zu erkunden und es herauszufinden.

Auch, dass dein Koffer tatsächlich so schnell wie noch nie kommt, kann deine Miene offenbar nicht aufhellen, zu sehr quälen dich wohl noch die Reiseängste der letzten Tage, die ja ohnehin nur ein kleiner Teil dieses Angstpakets sind, das du seit deiner Kindheit mit dir herumschleppst. Immerhin fiel bei früheren Ankünften auf deiner Lieblingsinsel, von denen ich ja einige miterlebt habe, spätestens in diesem Moment, wenn du, den Koffer in der Hand, zügig dem Ausgang zustrebtest, um dann in dein geliebtes kretisches Licht zu treten, fast alle Anspannung von dir ab, der Rest folgte eine halbe Stunde später, wenn das erste Mythos vor dir stand und du die Asche der ersten Karelia auf dem Hotelbalkon abstreifen konntest. Die Freude, wieder einmal wohlbehalten gelandet zu sein, anders als auf diese Weise zu feiern, war dir nie in den Sinn gekommen. Zu später Vorschlag: Du hättest noch vor dem Öffnen der Koffer und dem Einräumen der Kleidungsstücke mich lachend in den Arm nehmen können, mich küssen, rückwärts mit mir aufs Luxus-Boxspring-Bett fallen (deine Verweise auf die angeblich so wunderbar einfachen früheren Aufenthalte in irgendeinem Bergdorf waren ja auch nur solche Pseudo-Romantizismen, du hattest doch schon immer deinen Hintern lieber auf einer 5-Sterne-Matratze platziert), wir hätten uns, noch halb in den Reiseklamotten, lieben können, von mir aus schnell und ohne große Spielchen, aber *das* wäre doch eine wahre Ankommensfeier gewesen, oder? Stattdessen nahmst du als erstes die Dose Bier aus der Minibar, setztest dich nach draußen, trankst und rauchtest, schautest aufs Meer (natürlich „dein" Meer), während ich den Kleiderschrank vollräumte und das Bad mit den entsprechenden Utensilien bestückte.

Ich überhole dich und stehe schon vor dem Flughafengebäude, als du herauskommst. Meine Beobachtung von vorhin hat mich nicht getrogen. Kein Stehenbleiben, kein Absetzen des Koffers, kein Durchatmen, kein Blick nach oben, in die Sonne. Dir ist schon nach den ersten Schritten bewusst, dass in den nächsten zwei Wochen weder deine innere Unruhe, noch deine Angst weichen werden. Und dir steht, noch während du der Dame vom Reiseveranstalter mitteilst, auf den ellenlangen Bustransfer zugunsten eines schnellen Taxis zu verzichten, in großer Klarheit vor Augen, dass diese letzten Tage auf der Insel noch nicht einmal stumpfe Waffen sein werden gegen die Schwächen des Altwerdens, gegen die Vergeblichkeit des gelebten Lebens und sein näher rückendes Ende, gegen deine Einsamkeit, in der du dich verlierst, seit wir uns voneinander getrennt haben. Du behauptest immer in einer Mischung aus Larmoyanz und Geschichtsklitterung gegenüber jedem, der es hören und nicht hören will, dass *ich* dich verlassen habe, aber du weißt gleichzeitig auch, dass das nicht stimmt. *Wir* haben *uns* verlassen, die richtige Falsche und der falsche Richtige oder umgekehrt, wie dein Freund, der Schriftsteller, das mal zur Diskussion gestellt hat („Was ist besser?", fragte er) und hatten zu viel Wut und Egoismus in uns, waren zu beleidigt und verletzt und dumm und arrogant, dazu Kinder entweder zu wenig (wie bei mir) oder zu viel liebender Eltern, keine gute Voraussetzung um noch einmal zusammenzukommen. Wer weiß, vielleicht hätte das meinen Krebs verhindert und deine Alterseinsamkeit. Aber jetzt bin ich tot und du lässt dich in ein Taxi fallen und gibst dem Fahrer die Adresse „deines" Dorfes an – wohl wissend, dass da nichts mehr von „Idylle" ist (wenn es sie je außerhalb deiner Idealisierungswut gab) und „Nach-Hause-kommen", nur noch die Hoffnung auf ein paar Umarmungen mit den Freunden und Momente wiedergeholter Zeit.

Tatsächlich empfängt dich die Russin (die, das erfährst du beim höflichen Begrüßungs-Talk, wegen des Krieges eineinhalb Jahre ihre Mutter nicht gesehen hat) an der Rezeption des „Stella Village“ sehr freundlich, wobei du glaubst, dass ihr Lächeln eher gekünstelt, ihr Entgegenkommen nur Fassade ist. Wahrscheinlich, weil du sie seit Jahren spüren lässt, dass dir ihr Chef Michalis, genannt Mike, ungleich mehr bedeutet als sie. Sie bittet dich, ihr deinen Ausweis zu geben und das Anmeldeformular auszufüllen – und zeigt dir damit deutlich, dass *sie* es ist, die im Moment hier das Sagen hat. Ich stehe an den Rahmen der Eingangstür gelehnt und bemerke deinen Ärger über die fehlende Sonderbehandlung, von der du glaubst, dass sie dir zusteht – wenn nicht hier, wo denn dann? Eigentlich willst du Tatjana zurechtweisen, Entschuldigung, was soll der Quatsch mit Ausweis und Formular, wenn hier jemand bekannt ist, dann doch wohl ich, darüber reden wir nochmal nachher, wenn Mike da ist! Aber du schweigst dann doch, beschmierst den Bogen mit deiner kaum leserlichen Handschrift und schiebst ihn ihr über den Tresen zurück. Am Tag deiner Abreise wirst du beim Empfang der einige Seiten starken Rechnung bemerken, dass „dein“ Griechenland inzwischen genauso europäisch-bürokratisch geworden ist wie viele andere Länder auch: Tatjana muss jetzt akribisch alle Gäste der Gemeinde melden, die täglich so etwas wie eine Kurtaxe erhebt. Kurtaxe (welche Art von *Kur* wäre denn ausgerechnet *hier* zu absolvieren?), erhöhte Mehrwertsteuer, jeder Drink, selbst der kleinste Ouzo, einzeln ausgewiesen – da ist nichts mehr geblieben von dem Laissez-faire, dem so sympathischen Hang zur Anarchie, dem Betrug am Staat als Volkssport, alles das, was dich als jemand, der doch im Grunde selber, trotz gegenteiligen Anscheins, eher das langweilig-spießige Ebenbild eines preußischen Beamten ist, über die Jahrzehnte so fasziniert hat! Von der Finanzkrise vor über zehn Jahren in die Knie gezwungen und damals kurz vor dem staatlichen Zusammenbruch, geht es jetzt auch an deinem Traumort, dem Arkadien, von dem noch Hölderlin träumte, genauso zu wie auf Mallorca, an der Adria oder der Côte d´Azur. Austauschbar, alles!

Ich muss lächeln, will dir meinen unsichtbaren Arm auf die Schultern legen, als ihr beiden – Tatjana voran, du mit Koffer und Rucksack hinterhertrottend – zum Appartement geht, aber das kann ich ja nicht, und wenn doch, es wäre mir wohl verboten. Aber danach habe ich hier noch nicht gefragt, wen auch, von den himmlischen Autoritäten ist mir bisher keine begegnet. Wir haben Sie natürlich upgegradet (was für ein schreckliches Wort!), sagt die russische Rezeptionistin und zeigt dir stolz dein Quartier: zwei Zimmer, zwei Balkone, Meerblick aus verschiedenen Perspektiven, dafür habe Mike selbstverständlich gesorgt. Als sie gegangen ist, legst du deinen Koffer auf die extra dafür vorgesehene Ablage, auch sowas, denkst du, gab es hier früher nicht. Zum Schlafen wählst du die zum Balkon gewandte Seite des breiten Doppelbetts mit dem Nachttisch, auf dem nur noch symbolisch ein analoges Telefon steht, „Dial Nr. 9 for the Reception". Du inspizierst die Wohnung und weißt sofort, dass es die gleiche ist, in der du schon einmal, vor über 25 Jahren, untergebracht warst. Dein Freund Mike ist wirklich sehr feinfühlig, nicht wahr, und so hast du ihn auch in deinen Büchern immer beschrieben, als sensibel, zurückhaltend, die Stimme schon damals ganz leise, anders als seine so oft lärmenden, sich ständig aufplusternden Geschlechtsgenossen kein mediterraner, testosterongeleiteter Macho, früh schon ziemlich weise, ein kretischer Buddha auf dem abgewetzten Ledersessel im Büro hinter der Rezeption. „Appartement 351", damit will er dich sicher an die Wochen der Unbeschwertheit, der vom Leben fast aufdringlich angebotenen Lust erinnern, damals, vor 25 Jahren, als dein Mut zwar auch schon sehr schwer war, sich aber unmittelbar in einen jugendlichen Leichtsinn verwandelte, sobald du auf dem Flughafen von Iraklion aus dem Flugzeug stiegst. Ich habe, bevor ich dich auf diese letzte Reise begleite, lange in unseren jenseitigen Archiven geforscht, wie das denn damals wirklich war, denn schließlich lag das alles ja mehr als zehn Jahre, bevor wir uns kennenlernten, zurück. Du würdest staunen, welche Informationen bei uns gespeichert sind, da können Google & Co. tatsächlich einpacken! Obwohl es mir nun wirklich nicht zusteht – jetzt erst recht nicht mehr – bin ich fast ein bisschen eifersüchtig geworden, als ich auf die Namen der Frauen stieß, die mit dir in „App. 351" die eine oder andere Nacht verbracht haben. Und deine Auswahl war ja auch ganz schön international: Neben Katrin aus Salzburg finde ich Sharon, die Irin und Liv, die aus Utrecht stammte und mit der du (wie dir nachher, bei deinem ersten Abendessen, Lefteris noch lachend bestätigen wird) bei sperrangelweit geöffneten Türen und Fenstern wohl den meisten Lärm veranstaltet hast. Naja, Schnee von gestern, oder? Bekanntlich können auch noch so intensive Erinnerungen nichts gegen deine heutige

Einsamkeit ausrichten, denn dass ich nun die ganze Zeit in deiner Nähe sein werde, kannst du ja nicht ahnen, jedenfalls noch nicht. Gerade bist du auf den Balkon gegangen, wo ich schon länger stehe, an der äußersten Ecke der Brüstung, dort, wo du sicher nicht hinkommen wirst, weil du von dieser Stelle aus nur auf die karge Felslandschaft hinter dem „Stella" schauen kannst. Du steckst dir eine Karelia an, auch solch ein vergebliches Ritual aus vergangenen Tagen (erstens hast du schon lange keine Lust mehr zu rauchen, höchstens aus kindlichem Trotz gegen die Gutmenschen, und zweitens interessiert sich seit langem keine Sau mehr dafür – sorry, ab und zu tun die alten Kraftausdrücke ganz gut, und eine Sprachpolizei wie bei euch gibt es zum Glück an meinem neuen Wohnort auch nicht – ob du in Griechenland griechische Zigaretten rauchst oder griechisches Bier trinkst). Andererseits, jetzt wäre so eine Situation, wo ich ganz gerne mal eine mitdampfen würde. Du erinnerst dich, dass ich immer nur dann das Bedürfnis hatte, wenn es ganz großen Stress gab (mit meinen Eltern, im Job, wo auch immer), oder wenn ich dir signalisieren wollte (Geburtstag, Heiligabend, Silvester), dass ich mich fallenlassen, meinen immer alles sezierenden Verstand ausschalten und mich dir hemmungslos hingeben würde. Das hättest du übrigens viel öfter haben können, aber du drehtest dich ja meist um die eigene Achse und sahst mich und meine Liebe eigentlich erst dann, als es zu spät war.

Du schaust vom Balkon aus hinunter nach Hersonissos und erkennst die Bucht, an dessen äußerem Ende das Creta Maris liegt. Da spüre ich erneut, wie vorhin im Flugzeug, dass du an mich denkst und an unsere beiden Urlaube dort unten im 5-Sterne-Hotel, den ersten vor 15 Jahren, als wir vor lauter Begehren kaum einen Augenblick voneinander lassen konnten, und den anderen, zwei Jahre später, als das Hotel von ein paar hundert Israelis überschwemmt war und wir von morgens bis abends schlechte Laune hatten. Zudem beschwerte sich meine Tochter, damals auf der Schwelle zwischen Kindheit und Pubertät, ständig darüber, dass sie sich zu Tode langweile, und damit warst du schon völlig überfordert. Immerzu erzähltest du deinen Freunden, wie stolz du seist, endlich und im bereits gesetzten Alter, noch so etwas wie eine „Familie" zustande gebracht zu haben, aber bei den kleinsten Herausforderungen an deine neue Vaterrolle strichst du gleich die Segel und überließest mir die Problemregelung. Aber dann pädagogisch schlau daher schwätzen, ja, das konntest du gut und ausführlich. Ach, Jorgo, lassen wir das, lange her das Ganze, und da, wo ich jetzt bin, wird man ohnehin ständig zu Milde und Vergebung angehalten. Also, alles verziehen – und dass du (ich habe erst in meiner neuen Umgebung erfahren, dass es sich um ein Psalmen-Zitat handelt) nicht „aus deiner Haut heraus" konntest, wusste ich im Grunde auch damals schon. Aber mein Ärger war natürlich viel größer als das Verständnis für dich, das kennt man doch aus den meisten Beziehungen, oder?

Du drückst die Zigarette aus und gehst wieder nach innen. Ich höre dich seufzen und weiß, wie dir schon jetzt, am ersten Abend von zwölf noch folgenden, die Erinnerungen schwer auf der Brust liegen und ein Gefühl totaler

Verspannung verursachen, dir ist, als sei dein ganzer Bauchraum wie zubetoniert, ahnst aber noch nicht, dass das die ganze Zeit hier so bleiben wird, egal, welche Raki-Wein-Ouzo-Bier-Gegenmaßnahmen du auch ergreifst. Bald schon wirst du darüber nachdenken, einen vorzeitigen Rückflug zu ergattern. Diesen Wunsch hattest du hier in den letzten 40 Jahren noch nie. Aber zumindest heute Abend willst du alles dafür tun, das alte Gefühl des Angekommen- und Aufgehobenseins neu zu beleben. Du leerst deinen Koffer, legst T-Shirts und Polos in den offenen Kleiderschrank, den Inhalt des Kulturbeutels deponierst du im Bad und einen zweiten mit den wieder viel zu vielen Tabletten in der Nachttischschublade (als gelernter Hypochonder hast du natürlich wie immer eine große Auswahl Pillen „für alle Fälle" dabei) – die Nummer mit dem „Eingebildeten Kranken" hat mich übrigens von unserem ersten Kennenlernen an bis zur Trennung innerlich jedes Mal im Urlaub auf die Palme gebracht, vor allem, als Begleitmusik, dein ständiges Stöhnen. Und natürlich habe ich nichts dazu gesagt, über solche Dinge schwiegen wir ja für gewöhnlich. Dabei konntest du ganz anders und viel schöner stöhnen, wenn wir miteinander geschlafen haben! Übrigens fällt sowas „hier oben" auch flach, Sex zwischen Vergeistigten ist ja auch nicht so einfach, aber das nur am Rande.

Noch vor dem Betreten des „Stella"-Restaurants läuft dir Nikos in die Arme. Du erinnerst dich, dass sie ihm vor Jahren einen Gehirntumor entfernt haben. War er zuvor immer der etwas windige Groß-Juwelier aus Iraklion gewesen, einer aus der Womanizer-Fraktion, der dir mit seinen zahlreichen blonden und vollbusigen Eroberungen immer so imponiert hat und dann das „Stella“ Jahr für Jahr weiter in den Berg hineinbohrte und erweiterte (wozu damals noch ein kurzer Besuch beim zuständigen Bauamt mit einer prall mit Drachmen gefüllten Aktentasche ausreichte), immer à la Mode gekleidet, großspurig und herzlich zugleich - steht dir jetzt ein alter, offenbar verwirrter Mann gegenüber. Er sieht dich an, den noch laufenden Gartenschlauch, mit der er eben einen Vorgarten gewässert hat, unter den Arm geklemmt, weiß nicht, nachdem du ihn beim Namen gerufen hast, wo er dich hinstecken soll und reicht dir doch die Hand. Jorgos, fragt er, which Jorgos? Du hilfst ihm, den Wasserhahn an der Hauswand zuzudrehen und den Schlauch aufzurollen. Nikos zeigt auf den Eingang des Restaurants: Do you like a beer, aber er weiß offenbar immer noch nicht, wer du bist. Ich begleite euch mit ein bisschen Abstand zum Tresen, höre, wie sich der Barkeeper dir vorstellt und auf Geheiß des Chefs (der wahrscheinlich nur noch mitleidig von allen geduldet wird) euch zwei Bier hinstellt. Jamas, sagt Nikos kaum verständlich (sein Sprachzentrum, wird Mike später erklären, hat auch einiges abgekriegt) und stößt mit dir an. Dein erster Drink auf der Insel – und dann gleich mit einem Mann, der dir alle deine Ängste vor Krankheit und Siechtum wie ein Spiegelbild vorhält und das Gefühl bestärkt, dass du schon vorhin beim Verlassen des Flughafens hattest, das Gefühl von Abschied und letztem Mal. Ich komme ein bisschen näher und sehe, wie du den Arm um die Schulter des alten Mannes legst, ganz vorsichtig auf ihn einredest, die englischen Worte fast in Zeitlupe und überdeutlich artikulierst, und dann, als du fragst, ob er sich an deine Mutter erinnert (Do you remember my mama, she was here 20 years ago?), geht ein Lächeln über das Gesicht von Nikos und er fasst deine Hand, streichelt sie und sagt: Nai, nai – yes, yes, I remember, such a nice woman, und deinen Namen weiß er jetzt auch, als er kurz darauf sein Bier ausgetrunken hat, Tony, dem Barkeeper zunickt und noch einmal deine Hand hält: See you tomorrow, Jorgo.

Für den Moment sitzt du ganz allein. Tony putzt die Gläser, ein anderer, der sich als Alex vorstellt, deckt die Tische in der Nähe des Pools ab, offenbar haben die meisten Gäste, 95% Engländer, schon ihre Hamburger und das unvermeidliche Gyros hinter sich. Ich komme dir ganz nahe. Keine Ahnung, ob ich gut rieche, das letzte Parfüm hat mir vor zwei Jahren der Leichenbestatter aufgelegt, ob ich überhaupt nach etwas rieche. So wie eben hast du mir immer am besten gefallen, wenn du alle Empathie, die in dir ist, über einen anderen Menschen ausschütten konntest und ich merkte, mit welcher Begeisterung du das tatest. Ja, mit Empathie hast du auch mich (und zwischendurch auch meine Tochter) reichlich bedacht. Aber lieben konntest du mich wohl erst, seit ich nicht mehr zu dir zurückkam und noch mehr, nachdem ich gestorben bin. Plötzlich tust du mir leid. Du hast jetzt den Platz gewechselt, sitzt an einem Terrassentisch, hast dir den unvermeidlichen Ouzo und danach eine aus undefinierbaren Zutaten zusammengepanschte Pasta bestellt, die mit der kretischen Küche nun so gar nichts zu tun hat. Aber sowas mögen die Engländer hier, kein Wunder, dass sie alle so fett sind. Und tätowiert von oben bis unten, die Frauen auch. Aber harmlos. Sie verlassen 14 Tage den Poolbereich nicht, wenn ihre Angehörigen sie nach ihrer Rückkehr fragen, wo sie ihren Urlaub verbracht haben, kommen sie ins Grübeln. Gerne würde ich mich an deinen Tisch setzen, vielleicht sogar neben dich, so, dass wir gemeinsam über die Brüstung hinunter zum Meer schauen könnten, ein wenig träumen. Wusste gar nicht, dass noch so ein bisschen Romantik in mir steckt. Gefühle werden im Jenseits nicht so geschätzt, menschliche Relikte, die möchte man hier gerne hinter sich lassen. Trotzdem, die Szene erinnert mich an die erste Reise mit dir, die natürlich auch hierhin ging. Da haben wir manches Mal so gesessen und es hat verlässlich nur ein paar Augenblicke gedauert, bis du mir den Arm um die Schultern gelegt hast, Küsse gab es dann auch. Aber jetzt liegt dein Arm nur auf der Lehne des zweiten Stuhls, alles ohne Romantik, du rauchst, fühlst, wie sich der Magen wieder zusammenzieht. Du überlegst, als Gegenwehr einen Raki zu bestellen, lässt es dann aber. Und die Musik ist auch beschissen, irgendeine Charts-Zumutung, damit die dicken Engländer mit ihrem festgeschraubten Blick auf die Handys etwas zum gedankenlosen Wippen mit den Füßen haben.

Dein lieber Freund Lefteris kommt auf die Terrasse. Ihr liegt euch erinnerungsbesoffen in den Armen. Ich ziehe mich besser zurück, höre nur noch, wie Lefteris bei seinem Kellner Wein für euch bestellt. Das wird dir über die nächsten Stunden helfen, wie immer.

In der Nacht wollte ich dich eigentlich allein lassen, selbst wir hier brauchen manchmal ein wenig Erholung. Natürlich schlafen wir dann nicht, wie auch, aber immerhin lassen wir unsere Seelen für eine gewisse Zeit einfach ruhen („baumeln“, könnte man sagen), wir befinden uns dann in einer Art Stand-by-Modus und freuen uns, wenn wir dabei ungestört bleiben. Schließlich haben wir noch die gesamte Ewigkeit zu absolvieren, Aufgabe genug, findest du nicht? Trotzdem hat mich irgendetwas dazu gebracht, vorzeitig zu dir zurückzukehren, früher hätte ich gesagt, mein schlechtes Gewissen, dich in deiner ersten Nacht im „Stella“ ganz allein zu lassen. Obwohl: Gewissen? Lassen wir das. Jedenfalls bin ich jetzt wieder ganz in deiner Nähe, sehe, wie du zweimal aufwachst und ins Bad musst. Danach ist kein Schlaf mehr für dich möglich. Du wälzt dich unruhig auf der ungewohnten Matratze hin und her, überlegst, das Licht anzumachen und zu lesen oder dein Handy nach irgendwelchen unwichtigen Informationen zu durchsuchen. Erst, als schon die Morgenröte durch die Lamellen deiner Balkontür schimmert, schläfst du noch einmal ein. Und ohne, dass ich selbst irgendetwas dazu getan hätte (auch da sind meine Mittel äußerst begrenzt, dass wir nach dem Tod zu so etwas wie persönlichen Engeln mit magischen Fähigkeiten werden, ist eine von diesen jahrtausendealten frommen Legenden), beginnst du von mir zu träumen. Was ich sehen kann (okay, zumindest dazu bin ich der Lage), konstruiert dein Unterbewusstsein, das ja seit Freud eigentlich für die Übermittlung der Wahrheit, wenn auch in reichlich verschlüsselter Symbolik, zuständig ist, allerdings ziemlich unzutreffende Bilder: *so* intensiv und grenzenlos, wie das jetzt erscheint, haben wir uns *nie* geliebt - und *so* enthemmt und alle Regeln über Bord werfend, wie dein Traum dir suggeriert, haben wir auch nie miteinander geschlafen oder, nochmal konzediert, vielleicht in den ersten Wochen. Aber egal, es rührt mich doch sehr, wie du dich, obwohl der Schlaf dich jetzt verlässt, an das Betttuch klammerst und diesen Traum festhalten willst, *mich* festhalten willst. Dann merkst du, dass du keine Chance hast, hörst, wie draußen vor deinem Appartement die Zimmerfrauen zusammenkommen und vor Arbeitsbeginn noch einen Kaffee im Stehen trinken und eine Zigarette rauchen. Sie rufen sich ein fröhliches Kalimera zu, schnattern laut durcheinander, dann schwärmen sie aus, Mike hat jeder von ihnen eine feste Häuserzeile zugeteilt, wo sie für ein paar Minuten in das Leben fremder Menschen eintauchen und sich anhand achtlos herumliegender Kleidungsstücke, im Bad verteilter Hygieneartikel und auf dem Tisch gestapelter Bücher und Zeitschriften ein flüchtiges Bild von den Bewohnern machen. Vielleicht sieht ja deine Ferienwohnung deshalb genauso aufgeräumt aus, aseptisch fast, wie dein eigenes Zuhause. Der „gute Geist", der bald anklopfen wird, soll sich eben kein Bild von dir machen, oder wenn, ein falsches, wie auch immer. Vorsichtig setzt du dich auf die Bettkante. Die Traumbilder haben dich noch trauriger gemacht – und doch stellst du bei einem Blick zwischen deine Beine fest, was sie mit dir angerichtet haben. Für einen Moment bist du sogar ein bisschen stolz auf diese völlig überraschende Kongestion, und, wenn ich ehrlich bin, gefällt auch mir der Anblick ausnehmend gut. Bekanntlich sollen wir hier ja keine Gefühle mehr zulassen, aber ich glaube, es ist so etwas wie ein dankbares Geschmeicheltsein und die selbstbewusste Erinnerung daran, dass ich durchaus – bei aller meiner kühlen Rationalität, der analytischen

Intelligenz und der tiefen Verachtung für irgendwelche verlogen-romantischen Sentimentalitäten, die mich angeblich früher ausmachten - auch ganz und gar leidenschaftliche Frau war und meinen Körper, der sich in deinem Begehren spiegelte, plötzlich auch als schön empfand, nicht im Sinne der albernen und aufgepimpten Film-, Fernseh- und Social-Media-Tussen, aber doch auf seine sehr eigene Weise, das bewiesen mir deine Zärtlichkeiten und deine Hände, die nichts an ihm ausließen. Aber jetzt stehst du unter der Dusche, dein Körper erschlafft wie schon in der ganzen letzten Zeit und du weißt, dass es noch schlimmer kommen wird. Bevor du ins Bad gegangen bist, hast du schnell noch eine Schmiernotiz gemacht für deinen Tagebucheintrag irgendwann nachher, wenn du vom ersten Teil deiner Abschiedstournee zurück bist: „Im Traum eine wunderschöne Umarmung mit M., die plötzlich wieder da ist, von irgendwoher gekommen und in ihrer Nacktheit schöner denn je. Dann brutal aufgewacht, alles fort, für ein paar Augenblicke eine wundersame, lange nicht gekannte Regung, danach nur noch Leere."

Ich schaue dir nach, wie du hinüber ins „Stella"-Restaurant zum Frühstück gehst. Aus der Küche – anscheinend kann ich doch noch selbst etwas riechen – die Dünste von Rührei, Bacon, schwarzen Würsten und Chips, English Breakfast. Aber ein Spiegelei, eine Scheibe Käse und etwas Graubrotähnliches wird sich auch für dich finden. Du setzt dich, wie gestern Abend, auf die Poolterrasse mit dem Ausblick auf das längst erwachte Hersonissos. Die Sonne klettert Richtung Zenit, das Meer glitzert. Zeit für den Mietwagen.

Abschiedstag 1, aber vielleicht überlegst du es dir ja nochmal. Fahr vorsichtig, Schutzengel, ich sagte es schon, sind nicht mehr als eine schöne Fiktion.

Mechanisch lege ich der Vermieterin Führerschein und Personalausweis vor. Ihrer in schlechtem Englisch vorgetragenen Belehrung bezüglich der Vertragsmodalitäten folge ich nur scheinbar, lächle höflich und nicke. Wie mir auffällt, ist sie ganz in Leder gekleidet, und das bei dieser Hitze. Bustier und Hose pechschwarz und super eng – irgendwie unpassend zu dieser sichtbar in die Jahre gekommenen Schönheit, die eher Assoziationen mit einer gestrengen Domina erweckt. Vor dreißig Jahren saßen Stella und Stelios an ihrem Schreibtisch, frisch verheiratet mit zwei kleinen Kindern. Wann immer ich bei ihnen einen Wagen mietete, gab es Umarmungen, Küsschen, kleine Mezes und einen viel zu frühen Raki. Seit Stelios um die Jahrtausendwende mit seiner Moto Guzzi in die Leitplanke am Ortsausgang von Hersonissos krachte, liegt er auf dem großen Stadtfriedhof von Heraklion. Bei meinem letzten Besuch dort hatten sie schon das kleine Modellmotorrad, die Schachtel Zigaretten und das Ouzo-Fläschchen aus der Grabvitrine entfernt, nur ein vergilbtes Foto von Stelios war übriggeblieben. Stella habe ich nie wiedergesehen. Jetzt steht die neue Vermieterin auf und holt den Toyota Aygo vom Parkplatz. Ihr Lederoutfit knarzt bei jedem Schritt.

Ich hatte mir, für ein paar Euros Aufpreis, einen Automatikwagen erbeten. Die Zeiten, als ich es genoss, die japanischen oder koreanischen Autos über die Nationalstraße zu jagen, kurz vor dem Überholvorgang herunterzuschalten, um dann, das Allerletzte aus den kleinen Dingern herauskitzelnd, einen überladenen LKW oder verrosteten Pick-up einzukassieren, meinen Triumph mit einem arroganten

Hupsignal veredelnd, sind lange vorbei. Überhaupt ist auf den Straßen hier alles vorbei, die wegen der Finanzkrise notwendig gewordene Unterwerfung unter die strengen Regeln der EU hat sich selbst im Verkehr niedergeschlagen: ständige Geschwindigkeits- und Alkoholkontrollen, strenge TÜV-Überprüfungen...kein Platz mehr für rowdyhaften Machismo und ungestümen Freiheitsdrang. Gleichzeitig hat die Anzahl der Kreuze am Straßenrand drastisch abgenommen. Na, bitte!

Also lasse ich den Toyota brav mit 60, maximal 70 den anderen Fahrzeugen hinterherzuckeln. Ohne groß zu überlegen, habe ich die alte Route nach Agios Nikolaos eingeschlagen. Nach der ersten größeren Anhöhe, bei der die Automatik erstaunlicherweise schon sehr zu kämpfen hat (was für eine Karre hat mir die Dorf-Domina da angedreht – ich vergaß, jetzt gelte ich hier ja auch nur noch als einer der Dutzend-Touristen), kommt schon das Selinari-Kloster. Ich bremse, will anhalten, sehe dann aber den ersten Reisebus, die Schlange vor der Gyros-Bude und dem Souvenirladen und gebe wieder Gas. Was soll ich im Klosterinneren anderes finden als Bündel schlanker gelber Kerzen, die verkokelte Höhle, auf deren mit Sand bedeckten Boden die angezündeten Lichter zu Hunderten verteilt sind, jedes von ihnen mit einem anderen Auftrag versehen, einem anderen Wunsch für die Lebenden und die Toten? Und auch Jürgen Karbowiak, der alte Karbo, der Borussia-Dortmund-Mönch, den es vielleicht nie gab, ist nicht mehr da.

Ich fahre weiter. Zwischendurch habe ich doch noch einmal Lust auf ein Rennen mit den drei, vier Autos vor mir, alle durch große bunte Aufkleber als Mietwagen auszumachen, aber schon beim ersten Anlauf wird klar, dass mir die Leder-Lady tatsächlich eine lahme Ente angedreht hat. A lame duck – im Grunde hat sie mich richtig eingeschätzt. Rechts der National Road taucht Néapoli auf, „Neustadt", wo ich seit 40 Jahren immer mal Halt machen wollte und es doch nie getan habe, auch heute nicht. Der Historiker in mir weiß, dass dort 1340 Petros Philargis, der spätere Gegenpapst Alexander V., geboren wurde. Und dass während des griechischen Freiheitskampfes 1823 der Partisanenführer Nikolaos Zervos in Néapoli zu Tode kam und begraben wurde. Nur drei Tage später drangen die ägyptisch-türkischen Truppen unter Hassan Pascha in den Ort ein, exhumierten den Leichnam und benutzten ihn tagelang als Zielscheibe für ihre Musketen. Immerhin durfte er anschließend wieder eingebuddelt werden. Aber auch die Geschichte macht mich nur noch müde. Gestern wollte ein Engländer in der Dionysos-Bar, offenbar einer der wenigen in der Touristengemeinde, der Nachrichten hörte oder las, meine Meinung zum Ukraine-Krieg wissen. Was hätte ich sagen sollen? Die ewige Wiederkehr des Gleichen, Machtgier, Imperialismus, Krieg, Millionen Tote, immer und wieder, und es wird nie aufhören, auch dann nicht, wenn ich längst auf dem heimatlichen Friedhof liege (was ohnehin nicht mehr allzu lange dauert). Also schwieg ich, zuckte die Achseln, tat so, als wenn mein Englisch für eine Analyse nicht ausreiche, stieß mein Whisky-Glas gegen seines. Im Grunde sind ja auch Diskussionen nicht mehr gewollt, Argumente ohnehin nicht, geschweige denn solche, die zu differenzieren versuchen zwischen Gut und Böse.

Agios Nikolaos erreiche ich wie gewohnt „von oben". Kurz nach dem Verlassen der Nationalstraße geht es nur noch bergab, bis man plötzlich in der Stadtmitte ist: rechts der Hafen und die Ausfahrt zur Mirabello-Bucht, links der Voulismeni-See, der mit dem Meer verbunden ist, rund um den See zahlreiche Bars, Tavernen, Restaurants. Gerne würde ich jetzt in einem von ihnen sitzen, am Tisch unter bunten

Marquisen, würde rauchen, einen Wein trinken, mich an die erinnern, mit denen ich hier gesessen habe, an Fanni aus München, Katrin aus Salzburg, an Sharon, die Dublinerin und Liv, die Stadträtin aus Utrecht. Aber ganz besonders, und alle anderen Erinnerungen schnell zurücklassend, an das letzte Mal, als ich mit M. hier saß, schweigend erst, weil es zuvor wieder irgendeine dumme Auseinandersetzung gegeben hatte, dann, nach dem zweiten Glas, sagte ich etwas oder sie, Belangloses vielleicht, etwas über die damals schon dicht an dicht vorüberflanierende Menschenmasse oder das morgige Wetter, das Ergebnis eines Telefonats nach Hause, schon rückten wir näher zueinander, die sich spiegelnde Sonne im See ließ ohnehin kein Schweigen mehr zu und forderte, dass wir lächeln sollten, unsere Hände sich suchen, unsere Münder. Gestern Nacht habe ich, unruhig und verschwitzt und fast schlaflos, für einen Moment geglaubt, dass sie im Appartement 351 wäre, im Schlafzimmer, ganz nah an meinem Bett, als wolle sie mich bewachen, beschützen gar, aber dann dachte ich, jetzt geht es also nicht nur mit deinen Knochen und Innereien los, jetzt spielt auch dein Kopf verrückt: die tote Geliebte in einer kretischen Ferienanlage! Esoterik, Spökenkiekerei, bestenfalls biochemisch gesteuerte Projektionen eines, der spürt, wie er alt wird, allein alt wird und seine Welt untergeht.

Nach der dritten Runde an See und Hafen vorbei, ohne, dass es nur im Ansatz einen Parkplatz gegeben hat, gebe ich auf, fahre wütend zurück „nach oben". Auch den Abstecher zur höchsten Stelle oberhalb von Elounda und der ehemaligen Lepra-Insel Spinalonga mit ihrer riesigen venezianischen Festung, den, wie ich immer etwas vorlaut sage, schönsten Punkt der ganzen Insel, spare ich mir. Wahrscheinlich könnte ich den Wagen für ein paar Minuten am Straßenrand abstellen, aber auch dort war ich beim letzten Mal natürlich mit M. Es gibt dieses Foto, wohl von ihrer Tochter gemacht, auf dem wir beide an der

Steilkante stehen und so aussehen, als könnte uns die Zukunft nichts mehr anhaben. Die Erinnerung schmerzt schon so genug, also zurück ins Dorf. Vorher fahre ich an die letzte Tankstelle vor Hersonissos. Während der Tankwart (zumindest solch ein Relikt aus der alten Zeit gibt es hier noch) das Benzin einfüllt und tatsächlich auch die Windschutzscheibe reinigt, versuche ich im Autoradio einen Sender mit passender Musik zu finden, irgendetwas Altes. Aber der automatische Suchlauf bleibt weder bei Radio Crete noch Radio Nostalgia hängen, sondern präsentiert nur Unerträgliches, irgendeinen Hip-Hop-Schrott oder das Gekreische pubertierender Avatare, egal ob in Englisch oder Griechisch: nichts als Schmerzattacken auf die Trommelfelle. Ich schlage mit der Handoberfläche auf den Aus-Knopf, bezahle die Tankrechnung, gebe dem freundlichen Angestellten ein ordentliches Trinkgeld (das habe ich an einer deutschen Tanke wahrscheinlich das letzte Mal im vorigen Jahrhundert getan). Auch auf dem Rückweg ignoriere ich das Kloster, erhöhe stattdessen die Geschwindigkeit, will die nicht weichende Bitterkeit möglichst schnell am „Stella"-Pool oder in der Dionysos-Bar fortspülen. Für den Abend hat Lefteris mit einer „Greek Party with Buffet for all" gedroht.

Ich habe dich bewusst ganz allein gelassen. Zwar fand ich es irgendwie schön, dass du, während du am Voulismeni vorbeifuhrst, am mich dachtest und bei deiner Überlegung, vielleicht doch noch nach Elounda herauszufahren, freute ich mich noch einmal. Und offenbar hat du mich sogar in der vergangenen Nacht gespürt, das sind dann wirklich so Dinge zwischen Himmel und Erde, oder? Aber ich denke, es ist besser, wenn ich jetzt ein wenig Distanz halte, um deinen Schmerz, der immer mehr von Abschiedsgefühlen beherrscht wird, nicht noch zu vergrößern. Aus den Augen lasse ich dich ohnehin nicht.

Natürlich hat sich auch die Dionysos-Bar verändert, Lefteris hatte mich schon darauf hingewiesen, verstand das aber nicht als Vorwarnung, sondern es lag Stolz in seiner Stimme und er hoffte auf ein Lob, nachdem ich alles in Augenschein genommen hätte. Schon am frühen Abend ist der Laden total voll, früher herrschte um diese Zeit gähnende Leere, man konnte in Ruhe einen Frappé oder Ouzo mit Wasser trinken, die flanierenden Touristen (damals war das Publikum noch ziemlich international) beobachten oder einen Plausch halten mit den jeweiligen Thekenkräften, die überwiegend weiblich und attraktiv waren: Véronique, Lena, Birte...und Ivanka. Ich erwische den letzten Platz an einem dieser modernen Hochtische auf einem unbequemen Hocker. Bestuhlung, Lampen, Gläser: alles neu, selbst der Tresen ist versetzt worden, dahinter eine mondäne Spiegelwand, auf deren Regalen Hochprozentiges aus aller Welt steht. Neben dem Eingang führt eine Wendeltreppe nach oben: natürlich hat Lefteris, wie alle seine Kollegen im Dorf, die Decke durchbrochen und einen „Roof-Garden" aufgestockt, wahrscheinlich sogar legal und ohne einen Besuch beim Bauamt mit der prall gefüllten Geldtasche, wie das früher üblich war. „Modern" alles, was immer das heißen mag. Ich empfinde das Ganze als kalt und steril, aber meine Meinung ist unwichtig, der Erfolg gibt meinem Freund offenkundig Recht. Ana, die Slowenin, schlank und von herber Schönheit, die mich nicht mehr erkennt, auch als ich hinüberwinke, ist nun wegen der vielen Gäste fix hinter der Bar stationiert, während mich der Kellner, ein junger Kerl, der so aussieht wie alle jungen Kerle auf der Welt (Undercut, friseurbehandelte Augenbrauen, Tattoos auf den Armen und bis zum Hals) nach meinen Wünschen fragt. Mein Hinweis, dass ich ein Freund von Lefteris sei, beeindruckt ihn scheinbar nur mäßig, aber Ana, die mich vielleicht doch jetzt einordnen kann, ruft ihm etwas auf Griechisch zu und er serviert mir meinen Johnny Walker fast schon devot. Rings um mich herum die ewigen Engländer, die Männer mit großen Bieren, die Frauen mit Apérol, und auch hier nur Rap- oder Technomusik. Austrinken, gehen, eher nicht wiederkommen.

Lefteris bekommt natürlich trotzdem sein Lob, zum Dank lädt er mich ein, mich ordentlich an dem immer noch halbvollen griechischen Büfett zu bedienen. Pommes und Gyros seien allerdings aus, er zeigt entschuldigend auf die Tische am Pool. Eigentlich hätte er seinen Gästen Fish & Chips offerieren sollen. Ich lege mir ein paar Mezes auf den Teller und setze mich neben Panajotis, der natürlich nur wegen des Duos gekommen ist, das gleich seinen Auftritt haben wird. Wie immer hofft er auf einen Tanz mit Eszter, die im hinteren Teil des Restaurants mit Lefteris zu streiten scheint. Wahrscheinlich hat sie ihn wieder mit einer ihrer kruden Verschwörungstheorien (9/11, Corona oder Ukraine) verrückt gemacht. Sie ist „crazy" und dann auch noch undankbar, erzählt Lefteris mir später, obwohl er ihr ein Geschäft mit kretischer Naturkosmetik gepachtet hat. Ich schicke sie zum Saisonschluss nach Hause, nach Budapest, für immer, war ein Irrtum von Anfang an, sagt er noch. Aber vorher bekommt Panajotis noch seinen Tanz. Der Alte, 81 jetzt wohl, wie immer in Designer-Jackett und -Jeans, verbeugt sich vor der Ungarin, die ihm zuliebe heute tief dekolletiert ist und führt sie auf die Tanzfläche, ein bisschen spät, denn den obligatorischen „Libertango" haben Maria, die Sängerin, die ein bisschen was von Haris Alexiou hat und Petros, der Gitarrist, der nebenbei auch noch den Synthesizer fürs Playback bedient, schon absolviert. Aber für einen Slowfox reicht es noch. Panajotis mag ein bisschen tüddelig werden, doch wie er die 30 Jahre Jüngere übers geflieste Parkett führt, macht ihm hier keiner nach. Dann kommt der griechische Teil. Das Duo spielt „En Mediterranée" von Moustaki und „Die Kinder von Piräus", das Lied aus dem Film „Sonntags nie", mit dem sich Melina Mercouri unsterblich machte. Jetzt kommen auch der kranke Nikos (bei dessen unsicherem Gang man Angst haben muss, dass er jede Sekunde stürzt), der alte Aris mit Petra, seiner schwäbischen Ehefrau und sogar Lefteris mit seiner süßen Tochter Nicky nach vorn. Ich bleibe sitzen, verweise wenig glaubhaft auf meine morschen Knochen, in Wirklichkeit habe ich Angst, mich mit meinen ungelenken Tanzbewegungen lächerlich zu machen. Denn jetzt kommt natürlich der Sirtaki aus „Alexis Sorbas". Lefteris macht einladende Handbewegungen zu den Tischen der Engländer, die aber schauen gar nicht nach vorne, quatschen wild durcheinander, spielen auf ihren Handys. Zwischendurch kommt ein dünner Alibi-Applaus. So also ist es den Veteranen überlassen, deren Knochen keinen Deut besser in Schuss sind als meine, sich an den Schultern zu fassen, einen Kreis zu bilden, die Beine abwechselnd nach vorne zu schwingen und zu der immer schneller werdenden Musik (Petros improvisiert eine fantastische Bouzouki auf der E-Gitarre) rhythmisch aufzustampfen. Dann öffnen sie den Kreis wieder und ich sehe Lefteris, wenig jünger als ich, tief in die Hocke gehen und die Beine in rasendem Tempo nach vorne werfen, während die weit ausgestreckten Arme die Balance halten. Unglaublich! Nikos versucht es ihm gleichzutun, aber Gott sei Dank fängt Nicky den alten, kranken „Stella"-Besitzer rechtzeitig auf und führt ihn zurück Richtung Restaurant. Aber von meiner eigenen Passivität beschämt, sehe ich ihn selig lächeln, während der Schlussakkord des „Sorbas" ertönt und den gleichen kaum hörbaren Beifall hervorruft wie schon den ganzen Abend. Aber ein bisschen glücklich bin ich trotz allem jetzt auch. Da war es noch einmal, dieses unbeschreibliche Gefühl, in einer anderen Welt zu sein, fernab von den heimischen

Zwängen, den permanenten Ängsten. Freiheit – vielleicht gibt es das ja doch, und sei es für diesen einen Moment am mitternächtlichen Pool, am Tisch mit Wein und Raki, an den sich jetzt alle setzen, Lefteris, Nicky, Aris und Petra, der alte Panajotis, der kranke Nikos. Nur der Apatschen-Mond fehlt. Wir trinken, fassen uns an Armen und Schultern, während wir erzählen und die Engländer sich freundlich grüßend zurückziehen. Festgehaltene Zeit, den Abschied noch einmal hinausgeschoben.

Da hast du noch einmal überlegt, nicht wahr, ob der Anlass deiner Reise nicht wirklich übertrieben theatralisch ist, nur um die Aufmerksamkeit, das Mitgefühl oder auch das Kopfschütteln deiner Freunde zu erregen? Nach dieser „Greek Night" konntest du sogar ein paar Stunden schlafen, auch ohne, dass ich um dein Appartement herum Wache schob. Selbst heute Morgen bist du noch frohgestimmt, aufgekratzt fast, frühstückst in Ruhe und schaust mit Freude über die Terrassenbalustrade auf die Ägäische See. Du belädst den Toyota mit deinen Badesachen und fährst Richtung Malia. Stell dir einfach vor, ich wäre die Sozia auf dem Bike vor dir, das du nicht überholst, weil du die Wegstrecke genießen möchtest. Selbst der übliche Stau bei der Durchquerung von Malia gefällt dir heute, anschließend fragst du dich, wo die vielen Treibhäuser mit den Bananenstauden geblieben sind. Lefteris hat dir einen Strand in der Nähe des antiken Königspalasts empfohlen, ein Geheimtipp, sagt er, und eine klasse Taverna gebe es da auch. Ich komme kurz vor dir an, bemerke deine Freude angesichts der freien Auswahl von Parkplätzen und mehr noch, als die Bucht mit dem Potamos-Beach vor dir liegt. Ganz anders als der Creta-Maris-

Strand mit seiner Menschenmasse und der lauten Musik, geht es hier fast zu wie an einem verwunschenen Ort aus den 50er Jahren, die Zeit steht still, alles ist klein, übersichtlich und nur die Hälfte der Liegen ist belegt. Du bleibst stehen, atmest tief ein und glaubst jetzt doch, dass dieser Ort deine dunklen Gedanken wegscheuchen wird. Aber schon, als du eines dieser alten hölzernen Sunbeds mit seinem durchhängenden Stoff mietest und versuchst, eine halbwegs schmerzfreie Position einzunehmen, wird deine Euphorie gedämpft. Only one? hatte der Strandwächter gefragt und auf die zweite Liege auf der anderen Seite des Sonnenschirms gezeigt. Only one, die andere bleibt leer, genauso wie die andere Hälfte deines Doppelbetts im „Stella" leer bleibt. Dann gehst du ins Meer, das nach den letzten Sonnenmonaten badewannenwarm ist. Auch hier spürst du sofort, als dein Körper eintaucht und dich nach den ersten Schwimmzügen eine lange verlorene Leichtigkeit umfängt, noch einmal pures Glück. Vielleicht hättest du die Augen einfach geschlossen halten sollen. So aber siehst du die Paare links und rechts neben dir, ihr Necken und Lachen und, da das Meer an dieser Stelle ganz seicht ist, die schwingenden Brüste der Frauen in den Bikini-Oberteilen, so lange sie noch vorsichtig weitergehen und nicht zu schwimmen beginnen. Du erinnerst dich daran, wie wir beiden damals zusammen in einer kleinen Bucht in der Nähe von Anissaras badeten, uns langsam und Hand in Hand ins Wasser tasteten und an der Stelle, wo man eben noch stehen konnte, einander umarmten und küssten und uns unter der Wasseroberfläche berührten. Ab und zu zog ich dir dann auch deine Badehose aus. Du beginnst unvermittelt zu weinen, verlässt das Meer, um schnell an dein Handtuch zu kommen. Aber hier interessiert sich niemand für deine Tränen. Zwar schaut die alte Frau auf der Nachbarliege kurz auf, als du zurückkommst, aber wenn man so lange im Salzwasser schwimmt, tränen die Augen doch sowieso, oder? Du bemühst dich, die Freude von vorhin wiederzufinden, aber vergebens. Du packst zusammen, suchst die von Lefteris empfohlene Taverne auf. Auch hier gibt es nur einen freien Tisch, wieder sitzt du allein und bist von fröhlich plappernden Menschen umgeben, dass sie überwiegend Griechen sind, sorgt natürlich für eine ganz andere Atmosphäre als etwa in der Dionysos-Bar, macht es für dich aber nicht besser. Und dass ich direkt neben dir Platz genommen habe, kannst du ja nicht sehen. Und so zu spüren wie in der letzten Nacht bin ich heute wohl auch nicht für dich.

Die Tage sind dahingeflossen, einfach so. Und immer aufs Neue, angefangen mit dem Frühstück am Pool und den freundlich gewechselten Worten mit der Bedienung, habe ich gekämpft um das Gefühl, doch noch einmal am richtigen Ort zu sein, den süßlichen Geruch aus den Bäumen im Garten des „Stella" tief in mich aufzunehmen, den Blick auf die Berge zu richten im Wissen darum, dass irgendwo zwischen ihnen die Höhle des Zeus verborgen ist, habe auf die Musik aus Häusern und Tavernen gelauscht, in der Hoffnung, dass es endlich die richtige sein würde, ´meine` Musik und nicht die des globalen Einheitsmülls, den Mädchen nachgeschaut und darauf wartend, dass die Trauer über das Vergangene abgelöst würde durch die Heiterkeit der Erinnerung. Ich bin dann noch ein paarmal zum Potamos-Beach gefahren, wo es einen einzigen Moment gab, in dem, trotz der um mich herum mit sonnenölglänzenden, großflächig tätowierten, schweren

Körpern belegten Liegen, von denen Trink- und Kaugeräusche kamen, völlige Stille über der Bucht lag. Ich habe die Augen geschlossen und mich einige Tausend Jahre zurückgeträumt, in eine Zeit, in dem es kein Altern und kein Sterben gab, nur ein leises Wehen vom alten Königspalast herüber, der eigentlich ein Königinnenpalast war und von dem einige Historiker behaupten, er sei ein Ort des antiken Feminismus gewesen, wo die Frauen regierten, friedlich und im Einklang mit der Welt und der Natur, und die Männer sich an die eiserne Regel hielten, dass das körperliche Begehren von den Frauen ausging. Und in den frühen Oden heißt es, dass in den Palästen von Malia, Knossos und Festos die Liebe niemals endete. Erst das verheerende Erdbeben auf Santorini beendete auch auf Kreta das sanfte Regiment des Weiblichen und machte aus dem göttlichen Eros wieder eine sehr weltliche Angelegenheit. In die Stille meines Traums mischten sich blecherne Flöten-, fast Hupentöne, die unmöglich den Hirtenspielen aus dem Palast entstammen konnten. Dann brüllte eine Stimme 'Donuts, fresh Donuts`, sie holte mich aus dem antiken Arkadien zurück an den Strand des Jahres 2023 und ich erschrak, weil über mir das Blechtablett mit den fettriefenden Krapfen schwebte und ein dunkelhäutiger Verkäufer mich fragte, ob ich Schoko, Nougat oder Vanille bevorzuge. Ich drückte ihm, ohne etwas vom Tablett zu nehmen, einen Fünfer in die Hand, nur, damit er weiterzöge und versuchte, in den Traum zurück zu gelangen, aber die Wirklichkeit war, wie immer, stärker. Ich wollte aufstehen, meinen Rucksack packen, und merkte plötzlich, dass ich nicht mehr wusste, wie ich mit meinen steifen Gelenken und den schmerzenden Hüften in die Senkrechte kommen sollte. Von der Liege in den Sand abrollen und sich dann aufrichten, das müsste gehen. May I help you, Sir? Ein schlanker junger Mann, Grieche vielleicht, hielt mir die Hand hin. Reflexhaft ließ ich mir aufhelfen, dankte höflich. Erst, als er mir auch noch aufmunternd mit dem 'Keine Panik, *wird schon, Alter`-Gestus auf die Schulter klopfte, spürte ich die Demütigung, die in diesem doch sicher gutgemeinten Hilfsangebot lag. Ich schlich zum Parkplatz, ohne Station in der Taverne zu machen. Nach ein paar hundert Metern passierte ich den Königspalast, in dem es einst nur Königinnen gab. Aber kein Lachen drang heraus, keine Flötenmusik, und vor dem Eingang tanzten keine anmutigen, nackten Paare, sondern gleich zwei Reisebusse spuckten ihre Fahrgäste aus, offenbar Asiaten, denn sofort bauten sie sich in Viererreihen auf und lauschten den Anweisungen ihrer Anführer, deren Megaphone hektische, sich überschlagende Sätze in einer merkwürdigen Sprache ausstießen.*

Heute ist also dein letzter Abend. Du hast gepackt, noch einmal ausgiebig geduscht und frische Sachen angezogen. Hattest du dich in all den Jahren zuvor noch bei der Auswahl deiner T-Shirts über die üblichen zwei Ferienwochen für eine wohlausgewogene Dramaturgie entschieden (von deines Erachtens eher oberflächlichen Aufdrucken hin zu immer bedeutenderen Hinweisen auf deine Verbundenheit mit Geschichte und Kultur deiner Gastgeber), war das diesmal im Grunde völlig belanglos gewesen. Weder hatten Fremde (Passanten, Kellner, Supermarktkassiererinnen, Touristen) von den Motiven auf deinen Shirts Notiz genommen, noch deine Freunde – egal, ob du die griechische Nationalflagge, die Embleme von Olympiakos Piräus, Panathinaikos Athen, des lokalen Fußballclubs OFI oder die griechische Götterfamilie präsentiert hast. Ich habe ja, du wirst dich erinnern, deine Vorliebe für solcher Art bedruckte Hemdchen immer als ziemlich albern empfunden, andererseits hat es mich berührt zu sehen, mit welchem

Enthusiasmus du dich noch als Mittfünfziger an das krallest, was du für die Ikonen deiner Jugend hieltst (von dem halben Dutzend Rolling-Stones-Shirts ganz zu schweigen). Vor allem warst du in diesen Tagen hier ja fast beleidigt, dass dich niemand auf die stolz auf der Brust getragenen Fotos deines Idols Mikis Theodorakis ansprach. Konnte es sein, dass sich weder jung noch alt, weder Tankwart noch Hotelbesitzer, in irgendeiner Weise erinnern wollten (egal, ob mit verklärtem Blick oder ärgerlichen politischen Kommentaren) an den, wie du immer sagst, größten Griechen des 20. Jahrhunderts, alberne zwei Jahre nach seinem Tod? Es konnte sein. Deshalb erwartest du auch heute, an deinem letzten Abend, nichts davon, dass du dein „Highlight", den Höhepunkt der T-Shirt-Dramaturgie, überstreifst: den berühmten dreisätzigen Autonekrolog von Katzanzakis. Ich erhoffe nichts. Ich fürchte nichts. Ich bin frei. Der Grabstein auf der Martinengo-Bastion in Iraklion wahrscheinlich auch nur noch ein Smartphone-Motiv für Touristen, die irgendwo gelesen haben, dass ein Besuch dort oben zum Pflichtprogramm gehöre. Bevor du mit mir zum ersten Mal da warst, wusste ich auch nichts von diesem Dichter, nichts von seinem „Alexis Sorbas", nichts von „Freiheit oder Tod". Aber ich habe mir deinen Vortrag an diesem seltsamen Betonklotz mit dem Holzkreuz interessiert angehört, und als es mir dann doch ein bisschen zu lang und lehrerhaft wurde, habe ich einfach meinen Arm um deine Hüfte gelegt und du hast auch sofort aufgehört zu reden. Erinnerst du dich?

Es kommt genauso, wie du erwartet hast: Im „Stella"-Restaurant wirst du zwar wie immer herzlich empfangen, aber dein Shirt spielt dabei keine Rolle. Vielleicht solltest du, wenn du wieder zu Hause bist, den ganzen Stapel Hemden nehmen und in den Altkleider-Container werfen. Nebenbei bemerkt: dein Bauch hat sie ohnehin seit Jahren unschön gewölbt. Aber verzeih, ich habe nicht das Recht, dir da hineinzureden. Im Grunde habe ich zu nichts mehr das Recht, ich, eine Gewesene.

Letzter Abend. Zwei Exemplare meines neuen Buchs habe ich noch im Rucksack. Mike bekommt eins, Tatjana, die fließend Deutsch spricht und liest, wird ihm den Inhalt erzählen. Im Gegensatz zum Vorgängerband habe ich nichts zu befürchten, wenn sie das tut. Alle kommen gut weg. Nicky, Lefteris´ Tochter, bekommt das zweite, ebenfalls mit einer Widmung in Englisch. Ich muss aufpassen, dass sie nicht zu euphorisch ausfällt, obwohl sie sicher bemerkt hat, auf welche Weise ich sie in den letzten zwei Wochen angeschaut habe. Ich glaube sogar, das hat ihr gut gefallen. Sie küsst mich auf beide Wangen, während wir uns umarmen. Wieder so ein Moment, und wieder einer, der nicht bleibt.

Zum Absacker setze ich mich an die Theke. Das Taxi wird früh kommen. Ein Johnny Walker noch ´for the road`. Neben mir eine Frau, blond, sicher auch um die sechzig, aber die Haut im Gesicht, an den Armen und im recht tiefen Dekolleté gebräunt und glatt. Sie mischt sich in das Gespräch zwischen mir und Nikos, der heute einen seiner klareren Tage hat, ein, es geht um Miethöhen in Deutschland und Griechenland. In Schottland ist es auch schlimm, sagt sie, namentlich in Edinburgh, wo sie herkomme. Ich verstehe von diesem *schottischen Englisch zwar nur die Hälfte, aber dass sie Geraldine heißt, geschieden und Single ist und die Kinder längst aus dem Haus sind – das verstehe ich. Ich frage sie, ob sie noch einen Scotch, immerhin aus ihrer Heimat, mittrinkt. Tut sie. Plötzlich ist das alte Jagdfieber wieder da. Ein Therapeut hat das mal 'Don Juanismus` genannt, die brauchen ja für alles eine Kategorie. Ich stelle mir vor, wie es ist, wenn ich mit Geraldine noch ein paar Drinks nehme und sie dann frage, ob sie mich Richtung Appartement 351, das ich ja immerhin noch für ein paar Stunden gemietet habe, begleitet. Die aufkommende Euphorie, nach langer Zeit wieder einmal Sex zu haben, wird ganz schnell überlappt von der Vorstellung, ohne Schlaf und verkatert morgen früh im Taxi zu sitzen. Und vielleicht will Geraldine ja gar nicht, und wenn doch, vielleicht erlebe ich wieder solch ein körperliches Fiasko wie bei den letzten langen zurückliegenden Versuchen. Also ein Wangenküsschen, eine Umarmung mit dem Barkeeper, Trinkgeld in ein parat stehendes Halbliterglas, Ende und aus. Auf dem Balkon schaue ich noch einmal hinunter ins hellerleuchtete Hersonissos, rauche eine Karelia, ärgere mich über die vielleicht verpasste Chance mit Geraldine aus Edinburgh, verfluche meine Feigheit. Dann wird es Zeit.*

Ein bisschen amüsiert hat es mich schon, dich neben dieser Schottin zu sehen. Aber im Gegensatz zu meiner manchmal pathologischen Eifersucht, mit der ich dich damals gequält und dir ein paarmal bitter Unrecht getan habe, konnte ich mir das Ganze entspannt anschauen, wusste ich doch, dass du keine Kraft und keinen Mut mehr für solche erotischen Abenteuer hast. Und selbst wenn – ich sagte schon, dass mir nichts mehr zusteht, nicht einmal, ein bisschen eifersüchtig zu sein.

Der Taxifahrer lässt dich am Airport aussteigen. Unterwegs hast du mit ihm parliert, ihm von deiner jahrzehntelangen Kreta-Erfahrung berichtet und deiner Tätigkeit für den größten griechischen Komponisten und Freiheitskämpfer. Er habe von ihm gehört, sagt der junge Mann und dass er es toll finde, wenn sich jemand so für seine Heimat und ihre Helden interessiere. Ob das nur Höflichkeit ist, weißt du nicht, freust dich aber, mit welcher Dankbarkeit er dein Trinkgeld annimmt. Beim Aussteigen sagst du ihm noch, dass du nach den vielen Jahren nun endgültig Abschied nimmst von der Insel, und eigentlich sei das sehr traurig. Der Fahrer schüttelt den Kopf, er versteht nicht, wieso jemand, der die Insel doch offenbar so liebt, sie jetzt für immer verlassen will, und das auch noch freiwillig. Er hievt dein Gepäck aus dem Kofferraum, klopft dir, ein wenig zu jovial (wie der junge Mann, der dir am Strand aufhalf), auf die Schulter und sagt: Don´t cry, come back.

Es geht alles erstaunlich glatt. Wie ich es vorausgesagt hatte. Der Ärger wartet nachher in Düsseldorf auf dich.

Ich verlasse dich an der Sicherheitskontrolle. Man hat mir zwar gesagt, dass ich auch die modernen Durchleuchtungsgeräte nicht zu fürchten hätte, aber man weiß ja nie. Als du auf der anderen Seite des Bandes deine Utensilien wieder an dich genommen hast, siehst du in meine Richtung und winkst, von deiner Warte aus im Grunde ja völlig ins Leere, denn wer sollte zurückwinken? Oder stellst du dir vor, dass Ivanka und du die Rollen getauscht haben, dass sie jetzt auf der anderen Seite des Security-Bereichs steht, traurig und erstarrt, weil sie weiß, dass diesmal du es bist, der nicht wiederkommen wird? Trotzdem eine reichlich übertriebene Geste, wenn du mich fragst, Ivanka ist irgendwo in der Ukraine oder an irgendeinem anderen Punkt der Welt, sie wollte nicht, dass du sie ein zweites Mal findest. Oder winkst du der Insel zu und den vergangenen Jahrzehnten, die sich gerade in Luft auflösen? Wenn es die neuerdings so europazahmen Griechen inzwischen sogar mit dem Datenschutz ernst nehmen, werden die Aufnahmen der Kamera, die deine ziemlich hilflose Geste festgehalten hat, ohnehin in 24 Stunden gelöscht. Das Szenario stimmt übrigens diesmal auch nicht: Weder stehen, wie bei dem ersten Weggehen von Ivanka, der dämonische Kafka-Polizist, noch, wie am Ende deiner überraschenden Wiederbegegnung mit ihr im vorigen Jahr, seine freundlich lächelnde Kollegin an der Abfertigung. Ein gelangweilter junger Schlaks hat dich, nachdem das Piepsen in der Sicherheitsschleuse ausgeblieben ist, kurz gemustert und dann mürrisch in die Abflughalle weitergeschickt.

Und statt dieses Winkens in den leeren Raum eben, mit dem du wahrscheinlich deinem Abschied eine sentimentale Note verleihen wolltest, hättest du besser, bevor du die Gangway zum Flieger bestiegen hast, noch einmal in den kretischen Himmel schauen sollen, hinauf in das Licht, für das es, wie du sagst, keine Worte gibt.

Dann hättest du mich gesehen, vielleicht.

Jörg Potthaus im Hummelshain Verlag

Dionysos Bar

Eine Woche im Oktober 2016 - ein Gymnasiallehrer aus dem Essener Süden, der nach einer schmerzhaften Erfahrung seinen Ruhestand auf der griechischen Insel Kreta verbringen will, eine Intrige der dortigen Freunde und einer geheimnisvollen Frau, der alle Pläne zum Opfer fallen und eine junge, ukrainische Servierin, die für wenige Tage doch alles zum Leuchten bringt.

Die Geschichte von Georg und Ivanka und ihrer kurzen, aber heftigen Liebe, an deren Ende sich die Träume auflösen wie die Wandmalereien in Knossos im Schweiße der Besucher. Das Leben selbst zerstört den Traum vom zweiten, womöglich wahren Leben.

Jörg Potthaus bettet die Liebesgeschichte zwischen Georg und Ivanka ein in die Atmosphäre des heutigen, von der Wirtschafts- und Finanzkrise geschüttelten Griechenlands. Zugleich zeigen kenntnisreiche Reflektionen zu Geschichte, Literatur und Musik des Landes seine immer noch tiefe Verwurzelung in der alten Griechenland-Sehnsucht der deutschen Literatur, einer Sehnsucht, der letztlich auch Desillusionierung und Enttäuschung nichts anhaben können...

312 Seiten, Preis: 12,80 €, ISBN 978-3-943322-005

Warten auf Julie

Ist es möglich, dass eine literarische Figur im wirklichen Leben Gestalt annimmt? Johannes ist sich sicher, dass die geheimnisvolle Frau, die ihm plötzlich auf der Lesung eines bekannten Schweizer Autors begegnet, dessen Roman, der ihn gerade existenziell beschäftigt, entsprungen ist.

Aber die Frau im roten Mantel verschwindet genauso überraschend, wie sie gekommen ist – und lässt Johannes in dem Gefühl, er habe das späte Glück seines Lebens versäumt, ratlos zurück.

Dreizehn Jahre später glaubt er während eines Besuchs in der Schweizer Hauptstadt, diese Frau in Gestalt der Französisch-Lehrerin Julie Laforêt wiederentdeckt zu haben…

„Auch, wenn das Schreiben schon ein Lieben ist, kann man von der Sehnsucht nach Liebe so erzählen, dass am Ende unerwartet eine Hand auf der Schulter des Erzählers den Leser gleich mitberührt.“

(Bodo Kirchhoff über „Warten auf Julie“)

260 Seiten, Preis: 12,80 €, ISBN 978-3-943322-200

Rückleuchten

Ein älterer Mann, der nach dem Ende seines Berufslebens zu schreiben begonnen hat, sitzt, durch einen seuchenbedingten Lockdown und eine erlittene Hörschädigung doppelt von der Außenwelt isoliert, über Monate in seinem Arbeitszimmer fest. Dort und auf gelegentlichen Spaziergängen reflektiert er u.a. die persönlichen und gesellschaftlichen Verwerfungen, welche durch die Pandemie ausgelöst bzw. sichtbar gemacht werden.

Vor allem aber verliert er sich in Erinnerungen an seine Liebesgeschichte mit der rothaarigen Petra, die zwar über drei Jahrzehnte zurückliegt, jetzt aber, während sich das Leben langsam entzieht, wieder mit aller Macht in sein Bewusstsein drängt und dort erneut aufleuchtet.

Und während der Leser den wechselseitig geschickt miteinander verknüpften Erzählebenen folgt, setzt der Autor erst unmerklich, dann zum Ende hin auf ergreifende Weise, auch einem lange verstorbenen Freund ein literarisches Denkmal.

340 Seiten, Preis: 13,80 €, ISBN 978-3-943322-392

Puntini

Kreta im Frühsommer 2022. Georg, der aus "Dionysos-Bar" bekannte Protagonist, ist noch einmal auf die Insel zurückgekehrt. In einem von drei einsam gelegenen Ferienhäusern will er schreibend den Verlust einer geliebten Frau bewältigen. Aus der erhofften Ruhe wird aber nichts, weil Georg in der Taverne des nahegelegenen Dorfes einen alten Mann kennenlernt, der ihm seine ungewöhnliche Lebensgeschichte erzählt. Darüber hinaus macht er dort die Bekanntschaft einer vor dem Ukraine-Krieg geflohenen jungen Frau, die ihn unfreiwillig und aus heiterem Himmel auf die Spur ihrer Landsmännin Ivanka bringt, mit der Georg sechs Jahre zuvor eine intensive Liebesgeschichte erlebt hat. Er begibt sich auf die Suche nach ihr und erlebt auf seinem Roadtrip vom Westen in den Norden der Insel einige Überraschungen. Schließlich endet die Reise an genau dem Ort, an dem vor sechs Jahren alles begonnen hat. Die berührend erzählte Wiederbegegnung mit einer längst verloren geglaubten Liebe ist eingebettet in eine feinfühlige Schilderung vergangenen und gegenwärtigen griechischen Lebens. Zudem ist der Roman eine Hommage an den großen Komponisten und Freiheitskämpfer Mikis Theodorakis. Ein umfangreiches Griechenland-Glossar stellt die erwähnten Dichter, Musiker, Politiker und zeitgeschichtlichen Hintergründe vor.

340 Seiten, Preis: 15,90 €, ISBN 978-3-943322-576

FSC
www.fsc.org
MIX
Papier aus verantwortungsvollen Quellen
Paper from responsible sources
FSC® C105338